Ingrid Biermann

Faschingspartys für Kinder

urania

Ingrid Biermann

Faschingspartys für Kinder

Zum Thema »Kinderfeste« bereits erschienen:

Ingrid Biermann
Kindergeburtstag
Spiele, Bastelideen, Lieder, Rezepte
ISBN 3-332-01344-0

Elke Müller-Mees
Kindertheater in der Weihnachtszeit
ISBN 3-332-01436-6

Hajo Bücken
Spiele für die Familie
Spaß für drinnen und draußen
ISBN 3-332-01295-9

Marlies Götter
Weihnachtszeit, Kinderzeit
Spiele, Geschichten, Lieder, Bastel- und Rezeptideen
ISBN 3-332-01345-9

Bei der Anwendung im Unterricht und in Kursen ist auf dieses Buch hinzuweisen.

Die im Buch veröffentlichten Ratschläge wurden von Verfasserin und Verlag sorgfältig erarbeitet und geprüft. Eine Garantie kann dennoch nicht übernommen werden, ebenso ist eine Haftung der Verfasserin bzw. des Verlages und seiner Beauftragten für Personen-, Sach- und Vermögensschäden ausgeschlossen.

Bibliografische Information der Deutschen Bibliothek
Die Deutsche Bibliothek verzeichnet diese Publikation in der Deutschen Nationalbibliografie; detaillierte bibliografische Daten sind im Internet über http://dnb.ddb.de abrufbar.

www.verlagsgruppe-dornier.de
www.urania-verlag.de
1 2 3 4 5 07 06 05 04 03

Der Urania Verlag ist ein Unternehmen der Verlagsgruppe Dornier.

Umschlagfoto: Zefa/BP/Hein van der Heuvel
Fotos: die licht gestalten, Uli Staiger
Umschlaggestaltung: P. Agentur für Markengestaltung, Hamburg
Lektorat: Berliner Buchwerkstatt, Monika Zilliken
Gestaltung und Layout: Berliner Buchwerkstatt, Britta Dieterle
Druck: Westermanndruck, Zwickau
Printed in Germany
ISBN 3-332-01449-8

Gedruckt auf alterungsbeständigem Papier mit chlorfrei gebleichtem Zellstoff.

Liebe Eltern,

es heißt in einem Sprichwort: »Man muss die Feste feiern, wie sie fallen.« Es gibt, gerade in der heutigen Zeit, immer mehr Familien, die dieses Sprichwort wörtlich nehmen und nicht nur ihr eigenes Bedürfnis nach Geselligkeit stillen, sondern auch das der Kinder. Sie legen wieder Wert darauf, bestimmte Traditionsfeste in der Familie oder im Kreise von Gleichgesinnten zu gestalten und zu feiern. Sie nehmen sich wieder Zeit füreinander, und das ist auch gut so. Zu den Feiern, die von neuem in ihrer Tradition aufblühen, gehören nicht nur Geburtstage, Frühlingsfeste, Erntedank, St. Martin oder Weihnachtsfeiern. Dazu gehört auch das Karnevalsfest.

Karneval ist nicht nur eine traditionelle Feier für Erwachsene, sondern auch für Kinder, denn sie wollen, genau wie die Erwachsenen, in andere Rollen schlüpfen, aus dem Alltag ausbrechen,

Stress abbauen, Spaß haben, mit Freunden lachen, singen und so neu auftanken. Karneval ist auch für sie eine gute Möglichkeit, um soziale Kontakte zu festigen, um neue Freunde zu finden, um in Gemeinschaft zu lachen, zu spielen, sich zu unterhalten. Karneval ist also ein Fest, das über gemeinsame Aktivitäten das Bedürfnis nach Freude und Spaß befriedigt.
Um Ihnen, liebe Eltern, ein wenig bei der Planung einer solchen Karnevalsfeier zu helfen, habe ich Mottopartys zusammengestellt. Mit einfachen, kostengünstigen Mitteln entsteht schnell ein schönes Fest, das den Kindern noch lange in guter Erinnerung bleibt. Sollte Ihnen eine Themenfeier nicht gefallen, so finden Sie außerdem gleich zu Beginn themenlose neue Anregungen, aus denen sich schnell ein Spiel- und Spaßfest zaubern lässt. Mit Mitmachgeschichten, Spielen und den anderen Tipps sind, mit etwas Fantasie, schnell auch andere Feiern spielend leicht zu gestalten.
Dieses Buch kann für den Kinderkarneval in Mutter-Kind-Gruppen, in Sportvereinen, im Kindergarten oder sogar im Schulbereich eingesetzt werden.
Ich wünsche Ihnen und den Kindern eine fröhliche Karnevalszeit.

Ingrid Biermann

Karnevalsparty allgemein – Ich möchte mal ein Anderer sein

Alter:

- Ab 3 Jahren

Ort:

- Garage, leerer Kellerraum, Dachboden, großer Wohnraum

Verkleidung:

- Freie Kostümwahl

Kinder schlüpfen gerne in andere Rollen, und darum ist eine Karnevalsparty unter diesem Motto eigentlich stets richtig. Hier kann sich jeder so verkleiden, wie er immer schon einmal wollte. Der Fantasie sind dabei keine Grenzen gesetzt. Dieses Motto ist zudem sehr kostengünstig, denn auf eine teure Verkleidung kann verzichtet werden. Ein Hut, eine Perücke, eine Flickenhose, ein Flickenhemd, eine Sonnenbrille und schon ist man ein Anderer. Einfach einmal in andere Rollen zu schlüpfen ist für alle sehr spannend, und die Vorarbeiten dafür halten sich in Grenzen. Beginnen Sie trotzdem frühzeitig zum Beispiel Einladungen zu basteln, Spiele zusammenzustellen oder Dekorationsmaterialien für den Partyraum zu sammeln, und Sie werden sich ganz entspannt auf die bevorstehende Feier einlassen können.

Einladungskarten

Pappnase

Material
- Rotes Tonpapier
- Lineal
- Schere
- Filzstifte

So wird's gemacht

Schneiden Sie aus dem Tonpapier ein 15 x 25 cm großes Rechteck. Falten Sie es längs, knicken Sie die oberen Ecken zu einem spitzen Dach zur Mitte und die geknickte Längsseite noch einmal zur Mitte. So entsteht eine spitze Nase. Unter die Nase können dann alle Party-Informationen notiert werden.

Schornsteinfegerhut

Material
- Schwarzer Karton
- Weißer Malstift
- Schere

So wird's gemacht

Zeichnen Sie mit dem weißen Stift eine Zylinderform auf den Karton. Schneiden Sie den Zylinder aus und schreiben Sie auf seine Rückseite – wieder mit dem weißen Stift – den Einladungstext.

Einladungstext

Möchtest du mal ein Andrer sein,
dann lade ich dich zu mir ein.
Doch du musst verkleidet sein,
sonst lasse ich dich nicht herein.
Egal ob König, Astronaut,
ob Prinzessin oder Braut,
ob Indianer oder Bär,
komm so, wie du willst, daher.
Zwerge, Hexen und auch Feen,
kann man auf dem Fest dann sehn.
Sei ein Andrer, komm zu mir,
dann öffne ich dir gern die Tür.

Lustige-Leute-Karte

Material
- Teller
- Kerze
- Streichhölzer
- Weiße Postkarten
- Filzstifte

So wird's gemacht

Rußen Sie mit Hilfe einer Kerzenflamme die Unterseite eines Tellers ein. Drehen Sie den Teller herum, drücken Sie Ihren Daumen auf die verrußte Tellerfläche und »stempeln« Sie nun mit dem Daumen auf die weiße Postkarte. Der Abdruck des Daumens dient als »Kopf« oder »Bauch« der lustigen Leute, die Sie oder Ihr Kind mit den Filzstiften ausarbeiten. Auf diese Karte wird nun alles geschrieben, was für das Fest wichtig ist.

Plapperschnute

Material
- Untertasse
- Bleistift
- Schere
- Weißer Karton
- Weinflaschenkorken
- Filzstifte
- Messer
- Holzbrett
- Luftschlangen
- Dünnes rotes Papier
- Zahnstocher
- Allzweckkleber

So wird's gemacht
Zeichnen Sie mit Hilfe der Untertasse einen Kreis auf den Karton, den Sie ausschneiden. Nun wird das Gesicht der Plapperschnute gestaltet: Aus dem Korken wird die Nase, die restlichen Teile des Gesichtes werden gemalt. Ritzen Sie vorsichtig mit dem Messer den Mund ein.
Aus dem roten Papier schneiden Sie eine lange Zunge, auf die alle Informationen für das Fest geschrieben werden. Die Zunge wird dann durch den Mund (Schlitz) geschoben. Durch das Ende der Zunge stoßen Sie senkrecht einen Zahnstocher. Die Zunge kann nun bis zum Ende aus dem Mundschlitz gezogen werden, ohne dass sie herausfällt. Zum Schluss kleben Sie der Plapperschnute noch Luftschlangen als Haare an.

Allerlei Mützen

Material
- Verschiedenfarbige Kartons
- Bunt- oder Filzstifte
- Krepppapier
- Kordeln
- Federn
- Fell- oder Stoffreste
- Wolle
- Haushaltsalufolie
- Pfeifenputzer
- Allzweckkleber

So wird's gemacht
Falten Sie ein Stück Karton in Form eines beliebig großen Rechtecks zu einer Doppelkarte. Daraus schneiden Sie eine aufklappbare Mütze oder einen aufklappbaren Hut, zum Beispiel: Bäckermütze, Jägerhut, Feuerwehrhelm, Astronautenhut usw. Gestalten Sie die Vorderseite mit den für den jeweiligen Hut typischen Materialien: weißer Stoff für die Bäckermütze, Alufolie für den Astronautenhut, Federn und Fellreste für den Jägerhut ... Auf die Innenseite der Mützen-Hut-Karte schreiben Sie Ihren Einladungstext.

Dekorationen

Traumbilder – ganz groß

Material

- Tapetenrollen
- Wachsmalstifte
- Scheren
- Fingerfarben
- Kartons in verschiedenen Farben
- Federn
- Borten
- Krepppapier
- Goldpapier
- Glitzerstoff
- Hauhaltsalufolie
- Allzweckkleber
- Doppelseitiges Klebeband (ablösbar)
- Luftschlangen

So wird's gemacht

Laden Sie die Kinder einige Tage vor der Faschingsparty zu einer Dekorationsstunde ein, denn zur Verschönerung des Partyraumes werden lebensgroße Traumbilder benötigt.
Dazu legt sich jedes Kind auf ein großes Stück Tapete. Sein Körper wird mit einem dicken Wachsmalstift umrandet. Nun können die Kinder sich in etwas verwandeln, was sie einmal sein möchten: Gärtner, Astronaut, Jäger, Indianer, Seeräuber, Pirat usw. Mit Farben, Federn, bunten Papieren etc. (siehe Materialliste) gestaltet jedes Kind selbst sein eigenes Traumbild. Diese Traumbilder werden zum Schluss ausgeschnitten und mit doppelseitigem Klebeband an den Wänden befestigt. Die Decke des Partyraumes wird zum Schluss noch mit Luftschlangen geschmückt.

Verrate mir den Beruf

Material

- Kleine Gegenstände, die zu einem bestimmten Beruf oder einer bestimmten Tätigkeit passen: Topfschwämme, Putztücher, Pinsel, Schneebesen, Kochlöffel, Stoffreste, Briefumschläge usw.
- Starker Nylonfaden
- Stopfnadel
- Schere
- Doppelseitiges Klebeband (ablösbar)

So wird's gemacht

Die in der Materialliste genannten Gegenstände werden an den zuvor angebrachten Nylonfäden mit etwas doppelseitigem Klebeband unter die Decke gehängt. Oder, spannen Sie eine Leine quer durch den Raum, an ihr können Sie die verschiedenen Utensilien einfach festbinden. Im Laufe der Feier sollen die Kinder die dazu passenden Berufe erraten.

Lauter lustige Pappnasen

Material
- Tortenunterlagen (Pappe)
- Filzstifte
- Dünnes, verschiedenfarbiges Tonpapier
- Schere
- Tacker
- Verschiedenfarbige Bastelfedern
- Knöpfe
- Korken
- Kronkorken
- Luftschlangen
- Watte
- Bast
- Styroporkugeln
- Buntpapier
- Allzweckkleber
- Stopfnadel
- Nylonfaden

So wird's gemacht
Malen Sie auf die Tortenunterlagen lustige Gesichter und gestalten Sie sie mit den unterschiedlichsten Materialien: Aus dem dünnen Tonpapier schneiden Sie je Gesicht zum Beispiel vier etwa 30 cm lange und 2,5 cm breite Streifen. Falten Sie diese ganz klein ziehharmonikaartig zusammen und tackern Sie sie als Beine und Arme an die Tortenunterlagen. Aus Knöpfen, Korken und Kronkorken werden Nasen und Augen. Luftschlangen, Wattebäusche, Bast und Papier geben dem »Tortengesicht« seine Haarpracht, oder basteln Sie aus Buntpapier schicke Hüte als Kopfbedeckung. Sind die »Tortengesichter« fertig, können sie an einem dünnen Nylonfaden aufgehängt werden. Bohren Sie dazu mit einer dicken Stopfnadel ein Loch in die Tortenunterlage und fädeln Sie einen Nylonfaden hindurch, den Sie fest verknoten.

Luftballongesichter

Material
- Luftballons
- Verschiedenfarbige Kartons
- Filzstifte
- Krepppapier
- Nähgarn

So wird's gemacht
Die Luftballons werden aufgeblasen und zugeknotet. Am Knoten befestigen Sie einen Nylonfaden, an dem das Luftballongesicht später aufgehängt werden kann. Aus dem Karton schneiden Sie je Ballon ein Paar großer Füße aus. Drehen Sie den Ballon so, dass sein Knoten oben ist und kleben Sie ihn dann auf die zuvor mit Klebstoff bestrichenen Füße. Abschließend bekommen die Ballons ihre Gesichter gemalt und werden noch mit dem Krepppapier verschönert.

Spiele über Spiele

Ein Koch tappt im Dunkeln

Spielerzahl
- Beliebig, Zweiergruppen

Material
- 2 Augenmasken (Stoffreste, Schere, Hutgummi, Stopfnadel)
- 2 runde Kochlöffel
- 2 breite Kochlöffel
- 2 Kaffeelöffel
- 2 Suppenlöffel
- 2 Tische

Anleitung für die Augenmasken

Schneiden Sie aus einem festen Stück Stoff zwei große Augenmasken und arbeiten Sie in beide je ein winziges Guckloch ein. Befestigen Sie etwa 10 cm Hutgummi an den äußeren Seiten der Augenmaske. Die Maske kann nun so aufgesetzt werden, dass die Kinder trotzdem noch eine Winzigkeit sehen können. Sie ist in erster Linie für die Kinder gedacht, die keinen Mut haben, in völliger Dunkelheit zu spielen. Besonders mutige können sich die Augen natürlich auch mit einem Schal zubinden lassen.

Spielablauf

Die Löffel werden in Paaren (gleiche Anzahl je Tisch) auf die beiden Tische verteilt. Jeweils zwei Kinder versuchen nun an ihrem Tisch, mit verbundenen Augen, auf ein Startsignal hin, die richtigen Löffelpaare zusammenzulegen. Wer schafft's als Erster?

Geschickte Köche

Spielerzahl
- Beliebig, 2 Mannschaften

Material
- Kreppklebeband
- 4 leere Eimer oder Schüsseln
- 16 Tennisbälle
- 2 Holzlöffel

Für die Variation zusätzlich
- Je Kind 1 Holzlöffel

Spielablauf
Kennzeichnen Sie mit dem Kreppklebeband eine Start- und eine Ziellinie. Die Kinder teilen sich in zwei Mannschaften auf und stellen sich nebeneinander, in einer Reihe und gleichem Abstand, zwischen den beiden mit Kreppklebeband markierten Linien auf. Für jede Gruppe steht am Start ein mit acht Tennisbällen gefüllter Eimer, am Ziel ein leerer Eimer. Nach dem Startsignal nimmt das erste Kind jeder Gruppe einen Tennisball aus dem Eimer, legt ihn auf den Holzlöffel und gibt den Löffel weiter zum nächsten Kind usw. Am Ziel legt das letzte Kind jeder Gruppe den Ball in den Eimer und gibt den Löffel schnell wieder zurück. Das Spiel beginnt von vorne. Verlorene Bälle dürfen aufgehoben werden. Welche Gruppe hat zuerst die Bälle von einem zum anderen Eimer transportiert?

Variation
Jedes Kind erhält einen Löffel. Der Ball wird jetzt von Löffel zu Löffel weitergegeben.

Der gestresste Kellner

Spielerzahl
- Zweiergruppen, mindestens 4 Spieler

Material
- Kreppklebeband
- 2 Tische
- 2 Stühle
- 2 Paar große Badeschlappen
- 2 Sonnenbrillen
- 2 Hüte
- 2 Tabletts
- 4 Becher, gefüllt mit getrockneten Erbsen

Spielablauf
Markieren Sie auf dem Boden mit dem Kreppklebeband zwei Laufstrecken. Am Ende jeder Laufstrecke steht ein Tisch, an ihm sitzen jeweils zwei Kinder. Am Start stehen zwei Kellner, die die Gäste bedienen müssen. Nach einem Startsignal ziehen sie die zu großen Badeschlappen an, setzten die Sonnenbrillen und Hüte auf, stellen einen Becher mit Erbsen auf ihr Tablett und bringen diesen im Laufschritt zu ihrem Tisch. Sie laufen zurück und holen den nächsten Becher. Wer hat zuerst seine Gäste bedient?

Die Wurstprobe

Spielerzahl
- Beliebig, für die Variation Paare bilden

Material
- Verschiedene Scheiben Wurst (Fleischwurst, Salami, Kassler, Schinken)
- Nadel
- Nähgarn
- Wäscheleine
- 1 Kopftuch

Spielablauf
Bereiten Sie mehrere Wurstproben vor: Ziehen Sie hierfür jeweils durch vier Wurstscheiben einen Faden, dessen Enden Sie verknoten. Spannen Sie eine Wäscheleine quer durch den Raum und hängen Sie die Wurstproben daran auf.
Ein Kind ist nun der Metzger und muss mit verbundenen Augen die Wurst probieren und erschmecken.

Variation: Hungrige Metzger
Zwei Kinder spielen den Metzger. Hierzu werden acht Scheiben Fleischwurst aufgefädelt und je vier auf eine Wäscheleine gezogen. Diese werden so aufgehängt, dass die Kinder durch einen leichten Sprung die Scheiben schnappen und essen können. Wer hat seine Wurstscheiben zuerst aufgegessen?

Tipp: Breiten Sie saubere Folie (aufgeschnittener blauer Müllsack) unter der Wäscheleine aus, für den Fall, dass die eine oder andere Wurstscheibe im Eifer des Gefechts herunterfällt.

Gärtner bei der Arbeit

Spielerzahl
- Beliebig, Zweiergruppen

Material
- 2 Tische
- 8 Blumentöpfe
- 2 Eimer Blumenerde
- 2 Gießkannen mit Wasser
- 8 Speisezwiebeln
- 2 Kopftücher
- Stoppuhr

Spielablauf
Auf jedem der beiden Tische befinden sich vier Blumentöpfe, ein mit Blumenerde gefüllter Eimer, eine Gießkanne mit Wasser sowie vier Speisezwiebeln. Zwei Kinder sind die Gärtner, die Blumenzwiebeln in Blumentöpfe setzen müssen – jedoch unter erschwerten Bedingungen. Den Gärtnern werden nämlich mit den Kopftüchern die Augen verbunden. So vorbereitet, pflanzen und gießen sie die Blumenzwiebeln um die Wette. Wer ist der schnellste Gärtner? Messen Sie die Zeit mit einer Stoppuhr.

Der freundliche Polizist

Spielerzahl
- Beliebig, Zweiergruppen

Material
- Kreppklebeband
- 8 Stühle oder Hocker
- 2 Kopftücher

Spielablauf
Markieren Sie auf dem Boden mit dem Kreppklebeband jeweils zwei Start- und Ziellinien sowie eine Mittellinie. Auf diese »Straßen« werden je vier Stühle oder Hocker in gleichem Abstand zueinander verteilt. Am Start wartet vor jeder Straße ein Kind, – sie sind die Polizisten. Ihnen gegenüber, am Ziel, steht immer ein Autofahrer. Den Autofahrern werden mit den Tüchern die Augen verbunden. Es ist Nacht, und die Lampen an ihren Autos haben versagt. Nun muss jeder Polizist durch Zurufen (»rechts, links, geradeaus« usw.) versuchen, seinen Autofahrer an den Hindernissen (den Stühlen) vorbei unfallfrei zum Ziel zu bringen. Gestartet wird auf Zuruf, beide Autos fahren gleichzeitig los.

Der blinde Maler

Spielerzahl
- Dreiergruppen
- Bei der Variation Paare bilden

Material
- Große Zeichenblätter (DIN A3) oder auch entsprechend große Stücke von einer Tapetenrolle
- Wachsmalstifte
- Tücher

Spielablauf
Jeweils eine Gruppe von drei Kindern kniet vor einem großen Zeichenblatt. Jeder von ihnen hat einen Wachsmalstift in der Hand. Nun werden ihnen die Augen verbunden. Sie sollen blind ein Motiv malen, zum Beispiel ein Haus, eine Blume, einen Hasen oder Ähnliches.

Variation
Die Kinder bilden Paare. Ein Kind kniet neben dem blinden Maler und gibt ihm Malhilfen, indem es sagt, wo und wie der blinde Maler malen soll. Beispiel: »Stift ganz links aufsetzen, einen langen Strich nach unten, stopp, nun einen Strich nach rechts, stopp, einen Strich hoch, stopp, einen Strich nach links ...« usw. Welches Team zeichnet das schönste Bild?

Rennfahrer

Spielerzahl
- Beliebig, 2 Mannschaften

Material
- Kreppklebeband
- 2 Dreiräder oder 2 Rollbretter (Blumen- oder Bierkastenrollbretter)
- 6 Stühle oder Hocker

Für die Variationen
- 2 Wäscheleinen
- 2 Hüte
- 2 Schals

Spielablauf
Kennzeichnen Sie mit dem Kreppklebeband zwei »Rennbahnen« auf dem Fußboden, dazu noch je eine Start- und Wendelinie. Auf jeder Strecke stehen, gleichmäßig verteilt, drei Stühle oder drei Hocker. Am Start sitzt jeweils ein Startrennfahrer auf seinem Dreirad oder Rollbrett bereit. Nach dem Startsignal rollen sie um die Hindernisse herum, wenden und kehren, wieder die Hindernisse umfahrend, zum Start zurück und übergeben das Rennauto dem nächsten Fahrer. Gewonnen hat die Gruppe, deren Rennfahrer am schnellsten den Parcours bewältigt haben.

Variationen
1 Je ein Kind sitzt am Start auf einem Rollbrett oder einem Dreirad an denen eine Wäscheleine (etwa 2 m) befestigt wurde. Auf das Startsignal hin werden die »Fahrer« dieses Mal nun von einem Teammitglied die Rennstrecke entlang um die Hindernisse gezogen. Am Ziel angekommen, werden die Rollen getauscht, und das gleiche Team fährt ein weiteres Mal. Welche Gruppe ist die schnellste?

2 Je ein Kind sitzt auf einem Rollbrett oder einem Dreirad. Auf der Fahrbahn liegen für jedes Team ein Hut und ein Schal. Nach dem Startsignal geht die Wettfahrt los. Unterwegs bekleiden sich die Rennfahrer mit dem Hut und dem Schal. Am Ziel angekommen, werden die Kleidungsstücke an den nächsten Fahrer übergeben, der sie während seiner Fahrt wieder auszieht und wieder auf die Rennstrecke verteilt.

Ballonlauf

Spielerzahl
- Beliebig, Paare bilden in mindestens 2 Mannschaften

Material
- Kreppklebeband
- Je Spielerpaar 1 Luftballon

Spielablauf
Kleben Sie mit dem Kreppklebeband eine Start- und eine Ziellinie auf den Boden. Die Kinder werden in gleich große Gruppen aufgeteilt. Je zwei Kinder transportieren einen Luftballon, der auf der flachen Hand liegt, zum Ziel und übergeben ihn dort zwei anderen Kindern. Diese laufen mit dem Luftballon zum gegenüberliegenden Ziel. Das Spiel ist beendet, wenn alle Paare einmal einen Ballon transportiert haben.

Variation
Der Ballon wird zwischen den Bäuchen oder den Rücken eines Spielerpaares gehalten und so zum nächsten Paar transportiert. Beim Wechsel dürfen die Hände helfen.

Der Kreisel

Spielerzahl
- Beliebig, Zweiergruppen

Material
- 2 leere Bierkästen
- Stoppuhr

Für die Variation 2
- 20Tennisbälle
- 2 Eimer

Spielablauf

Drehen Sie die Bierkästen um. Jeweils ein Kind stellt sich auf einen Bierkasten, geht in die Hocke, setzt die Handflächen flach auf den Boden und streckt die Beine aus – die Füße bleiben auf dem Bierkasten. Nach dem Startsignal umrunden die Kinder ihren Bierkasten auf den Händen – wie ein Kreisel. Welcher Kreisel ist am schnellsten?

Variationen

1 Der »Kreisel« muss nun zwei oder drei Runden hintereinander drehen.
2 Während eines Rundlaufs müssen jetzt die in Greifnähe verteilten Tennisbälle (je Spieler 10) mit den Händen eingesammelt und in den leeren Eimer gelegt werden.

Bauchtanz

Spielerzahl
- Beliebig, Zweiergruppen

Material
- 2 Gymnastikreifen aus Plastik
- Tanzmusik (ideal wäre Bauchtanzmusik)
- Stoppuhr

Für die Variation
- 20 Tennisbälle
- 2 Eimer

Spielablauf

Zwei Kinder tanzen mit einem Reifen einen Bauchtanz nach Stoppuhr. Wer schafft es, den Reifen am längsten auf den Hüften zu halten?

Variation

Während des Reifenbauchtanzes werden den Tänzern Tennisbälle zugeworfen. Die Bälle müssen gefangen und in den bereitgestellten Eimer neben ihnen geworfen werden, ohne dass der Reifen zu Boden fällt.

Dosengolf

Spielerzahl
- Beliebig, 2 Mannschaften

Material
- Kreppklebeband
- 8 Flaschen
- 2 leere Dosen
- 2 Spazierstöcke oder Stockschirme

Spielablauf
Kennzeichnen Sie mit dem Kreppklebeband zwei Spielstrecken mit je einer Start- und einer Ziellinie. Auf jeder Strecke werden vier Flaschen als Hindernisse aufgestellt. Für jede Gruppe wartet die eine Hälfte des Teams an der Startlinie, die andere Hälfte an der Ziellinie. Nach dem Startsignal rollt der erste Spieler seine Dose mit dem umgedrehten Spazierstock um die Hindernisse herum bis zur Ziellinie, übergibt dort den Stock an den nächsten Spieler usw. Das Spiel ist beendet, wenn alle einmal Golf gespielt haben.

Sandballwurf

Spielerzahl
- Beliebig, Zweiergruppen

Material
- Kreppklebeband
- 24 Luftballons, mit etwa 1 Hand voll Sand gefüllt
- Für jedes Spielerpaar 2 leere Eimer

Spielablauf
Kennzeichnen Sie mit dem Kreppklebeband eine Start- und eine Ziellinie. Die Spielerpaare stehen sich an den Linien gegenüber. An der Startlinie wartet für jede Mannschaft ein Eimer mit zwölf Sand-Luftballons, am Ziel ein leerer Eimer. Nach dem Startzeichen wirft der Startspieler die Ballons seinem Partner zu, der sie fängt und in seinen Eimer legt. Die nicht gefangenen Ballons bleiben auf dem Boden liegen. Welches Paar hat die meisten Sandbälle gefangen?

Variation
Sind alle Sandbälle geworfen und gefangen, werden die gefangenen Bälle wieder zurückgeworfen. Wie viele Bälle sind jetzt am Ziel wieder angekommen?

Mitmachgeschichten

Rudi, der Schornsteinfeger

Vorbereitung und Spielhinweis

Jeder der mitspielt, bekommt eine Untertasse, deren Unterseite mit einer brennenden Kerze geschwärzt wurde. Immer wenn in der Geschichte das Wort **Schornsteinfeger** vorkommt, reiben alle mit dem Zeigefinger einmal unter dem Teller her und malen ihrem rechten Nachbarn einen Punkt oder einen Strich ins Gesicht.

Die Geschichte

Rudi, der **Schornsteinfeger**, wird von Jung und Alt des kleinen Dorfes Glückshausen sehr gemocht. Er ist nämlich jemand, der allen Glück bringt. Wer in Glückshausen lebt und wer einen **Schornsteinfeger** hat, der Rudi heißt, dem kann das Jahr über

gar nichts passieren. Solch einer hat nämlich eigentlich das Glück gepachtet. Jedes Jahr in der ersten Woche hat unser netter **Schornsteinfeger** immer besonders viel zu tun. Dann muss er in jedem Haus die Schornsteine säubern, und bevor er das Haus wieder verlässt, will ihn jeder berühren, denn das soll Glück bringen. Geduldig lässt sich Rudi von jedem anfassen, und den Kindern macht er sogar die Nase schwarz. Rudi möchte niemals etwas anderes tun. Er ist sehr gerne **Schornsteinfeger** und sehr gerne ein Glücksbringer. Weil er die Menschen mag, denkt sich unser **Schornsteinfeger** zu Beginn eines neuen Jahres immer etwas Schönes aus.
Dieses Jahr bringt er den alten und den kranken Menschen ein kleines Glücksschwein aus Marzipan mit. Er weiß nämlich, dass nicht nur ein **Schornsteinfeger** Glück bringt, sondern auch solch ein Schwein. Darüber freuen sich die Menschen sehr, und deshalb haben sie sich in diesem Jahr für ihren **Schornsteinfeger** Rudi auch etwas ausgedacht. Als er wie immer unterwegs ist und die Schornsteine reinigt, erlebt der freundliche **Schornsteinfeger** etwas Besonderes. In jedem Haus schenken ihm die Menschen einen kleinen Glücksbringer. Mal bekommt unser **Schornsteinfeger** einen Glückspilz aus Schokolade, an einer anderen Tür bekommt er ein richtiges Hufeisen aus Eisen, und an noch einer anderen Tür schenkt ihm eine nette Frau ein Kleeblatt mit vier Blättern. Oh je, an diesem Tag hat unser **Schornsteinfeger** viel zu schleppen. Er ist schwer bepackt mit den vielen Glücksbringern. »Dieses Jahr wird für mich ein besonders glückliches Jahr, denn bei all diesen Glücksbringern kann mir gar nichts passieren«, sagt Rudi, der **Schornsteinfeger**, und fährt über und über bepackt, aber überglücklich nach Hause.

Die Pappnasengeschichte

Spielhinweis

Bei dem Wort **Pappnase** stehen alle Kinder auf und setzen sich sofort wieder.

Die Geschichte

Es war einmal eine **Pappnase**. Die lag mit vielen anderen Karnevalsutensilien in einem großen Karton. Das ganze Jahr über wurde dieser Karton nicht angerührt. Nur zur Karnevalszeit, da waren die Dinge in ihm wieder ganz wichtig. Als wieder einmal Karneval war und der Karton geöffnet wurde, waren im Nu die Hüte, die Krawatten, die Jacken und die Hosen weg. Nur die **Pappnase**, sie lag noch zusammen mit einer verknitterten Fliege in dem Karton. »Will dich auch niemand haben?«, sagte die Fliege zur **Pappnase**. »Ich bin niemandem wichtig«, sagte die **Pappnase** und schluchzte ein wenig. Traurig lagen die **Pappnase** und die Fliege nebeneinander und dachten an frühere Zeiten. »Ach«, sagte die **Pappnase**, »was war es doch schön, als ich noch auf den vielen langen und kurzen, dicken und dünnen Nasen saß und jeder über mich lachte. Jetzt will mich keiner mehr haben.« Kaum hatte die **Pappnase** das gesagt, griff eine Hand nach ihr. »Was für eine schöne **Pappnase**«, sagte eine nette Stimme. »Die setzte ich auf. Und die Fliege, die nehme ich auch.« Ja, und so kam es, dass die Fliege und die **Pappnase** wieder ganz wichtig waren und auch Karneval feiern konnten.

Variation

Mit Hilfe von Nummernzettel (1 = **Pappnase**, 2 = Fliege) teilen Sie die Kinder in die Gruppe »**Pappnase**« und in die Gruppe »Fliege« auf. Sobald das Wort »**Pappnase**« oder »Fliege« in der Geschichte auftaucht, müssen entweder alle Kinder der Pappnasen-Gruppe oder die der Fliege-Gruppe aufstehen und sich sofort wieder hinsetzen.

Rezepte – Leckereien für Pappnasen

Wurstspieß

Zutaten *für 6 Personen*
- 500 g Fleischwurst am Stück
- Kleines Glas Gewürzgurken
- Kleines Glas eingelegter kleiner Maiskolben
- Kleines Glas Silberzwiebeln
- 6 lange oder 12 kurze Schaschlikspieße
- 1 Pampelmuse

Für die Variation
- Kleine Würstchen
- Salami

Zubereitung
Die Fleischwurst in kleine Würfel schneiden. Abwechselnd nun die Zutaten auf die Schaschlikspieße schieben. Eine Pampelmuse halbieren und die Spieße auf die Pampelmuse stecken.

Variation
Ersetzen Sie die Fleischwurst durch kleine Würstchen oder Salamiwürfel.

Käsespieß

Zutaten *für 6 Personen*
- 500 g Gouda am Stück
- 1 Salatgurke
- 1 Paprika
- 6 bzw. 12 Radieschen
- 6 lange oder 12 kurze Schaschlikspieße
- 1 Pampelmuse

Zubereitung
Den Käse, die Gurken und die Paprika in Würfel und die Radieschen in Scheiben schneiden. Dann alle Zutaten abwechselnd auf die Spieße schieben. Auch diese Spieße werden zum Schluss auf eine Pampelmusenhälfte gesteckt.

Gemüsespieß

Zutaten *für 6 Personen*
- 1–2 Paprika
- 1–2 Gemüsezwiebeln
- 1 große Zucchini
- 500 g Champignons
- 6 lange oder 12 kurze Schaschlikspieße

Zubereitung
Das Gemüse in Würfel schneiden und abwechselnd auf den Spieß stecken. Diese Spieße in der Pfanne leicht anbraten.

Fleischspieß

Zutaten *für 6 Personen*
- 500 g Hähnchenbrustfilet
- 1–2 Paprika
- 1 große Zucchini
- 1 Gemüsezwiebel
- 6 lange oder 12 kurze Schaschlikspieße
- Pfeffer
- Salz
- Bratfett

Zubereitung
Das Hähnchenbrustfilet, die Paprika, die Zucchini und die Zwiebeln in kleine Würfel schneiden und abwechselnd auf den Spieß schieben. Mit Pfeffer und Salz würzen und in heißem Fett anbraten.

Obstspieß

Zutaten
- 2 Äpfel
- 2 Birnen
- 2 Orangen
- 250 g Weintrauben (kernlos)
- 6 lange oder 12 kurze Schaschlikspieße

Zubereitung
Die Äpfel und die Birnen vom Kerngehäuse befreien und in Würfel oder in Spalten schneiden. Die Orange schälen und in Spalten teilen. Große Weintrauben eventuell halbieren. Nun das Obst abwechselnd auf die Spieße stecken.

Knusperkugeln

Zutaten *für 6 Personen*
- 125–175 g Cornflakes
- 1 Tafel Schokolade
- Backpapier

Zubereitung
Die Schokolade langsam in einem Topf schmelzen. Dann die Cornflakes unterheben. Mit einem Teelöffel die Masse herausnehmen, daraus eine Kugel formen und zum Erkalten auf ein mit dem Backpapier bedecktes Kuchenblech legen. Die fertigen Kugeln für einige Zeit im Kühlschrank aushärten lassen.

Popcorn

Zutaten
- Öl
- 1 Tüte Popcornmais
- Puderzucker
- Sieb
- Schüssel

Zubereitung
Etwas Öl in eine Pfanne geben – der Boden muss bedeckt sein – und erhitzen. 1 bis 2 Esslöffel Mais in die Pfanne geben und die Pfanne mit einem Deckel verschließen. Sobald es in der Pfanne pufft und knallt, springt der Mais auf und wird zu Popcorn. Dabei die Pfanne öfter hin- und herbewegen, damit das Popcorn nicht anbrennt. Knallt es nicht mehr, ist das Popcorn fertig.
Das fertige Popcorn in eine Schüssel geben und mit etwas Puderzucker bestreuen.
Die Zubereitung des Popcorns macht den Kindern besonders viel Spaß. Aber Achtung, das Öl wird sehr heiß.

Banane-Sahne-Taler

Zutaten *für 6 Personen*
- 6 Bananen
- Sahne aus der Sprühdose (oder selbst geschlagene Sahne)
- Schokostreusel

Zubereitung
Die Bananen in fingerdicke Scheiben schneiden und auf Tellern anrichten. Auf jeden »Taler« etwas Sahne sprühen und abschließend Schokostreusel darüber streuen.

Der Tütenball

Alter:
- Ab 6 Jahren

Ort:
- Leerer Kellerraum, Partyraum, Dachboden, Wohnung

Verkleidung:
- Witziges aus blauen Müllsäcken – zum Beispiel mit Schleifen aus Krepppapier oder Frühstückstüten oder Bordüren aus anderen Müllbeuteln

Tüten gibt es fast bei jedem Einkauf und meistens werden sie sofort entsorgt. Sammeln Sie doch einmal Tüten, Sie werden erstaunt sein, wie viele unterschiedliche Tüten mit der Zeit zusammenkommen. Man kann sie für die unterschiedlichsten Zwecke einsetzen: Basteln Sie daraus Kostüme, dekorieren Sie mit ihnen die Räume oder verstecken Sie leckere Überraschungen darin. Tüten sind sehr vielseitig zu gebrauchen und daher auch ein ideales und zudem preisgünstiges Karnevalsvergnügen. Fangen Sie früh genug mit dem Sammeln an, dann wird der Tütenball bestimmt für alle ein unvergessenes Fest werden.

Einladungskarten

Einladungstüten

Material

- Alle Arten von Tüten (Mülltüten, Butterbrottüten, Plastiktüten)
- Filzstifte
- Glitzerstifte
- Dekorationsmaterial aus dem Haushalt für die Tüten (Abziehbilder, Glitzerbilder, Bordüren, Schleifen, Buntpapier usw.)
- Allzweckkleber
- Schere
- Notizzettel
- Geschenkband

So wird's gemacht

Wählen Sie für die Einladungstüten am besten etwas kleinere Tüten aus. Bemalt, beklebt und mit allen möglichen Dingen verschönert – schauen Sie sich im Haushalt einmal um, Sie werden bestimmt das eine oder andere dazu finden – wird jede Einladungstüte zum Unikat. In die Tüten stecken Sie Notizzettel, auf denen zuvor alles Wichtige für das Fest geschrieben wurde. Die Einladungstüte verschließen Sie mit einem Geschenkband.

Spitze Einladungstüte

Material

- Verschiedenfarbiges Tonpapier
- Schere
- Bleistift
- Großer, flacher Teller
- Allzweckkleber
- Hefter
- Krepppapier
- Abziehbilder und anderes Dekorationsmaterial
- Filzstift
- Mehrere Notizzettel
- Breites Schleifenband

So wird's gemacht

Malen Sie auf das Tonpapier mit Hilfe des Tellers einen Kreis, schneiden Sie ihn aus und falten Sie ihn zum Halbkreis. Rollen Sie ihn dann zu einer Spitztüte, kleben oder heften Sie die Tüte zusammen. Nun schneiden Sie aus dem Krepppapier einen 20 cm breiten und 40 cm langen Streifen und kleben diesen innen in die Tüte ein (wie bei einer Schultüte). Die Tüte kann nun mit den vorhandenen Dekorationsmaterialien geschmückt werden. Schreiben Sie einzelne Sätze aus dem Einladungstext (Seite 35) auf kleine Notizzettel und stecken Sie diese in die Tüte. Zum Schluss wird die Einladungstüte mit einem Schleifenband zugebunden.

Tütenkarte

Material
- Verschiedenfarbiges Tonpapier
- Schere
- Filzstift
- Dekorationsmaterial (Abziehbilder, Glitzersterne usw.)
- Allzweckkleber

So wird's gemacht
Aus dem Tonpapier falten Sie doppelseitige Einladungskarten (Größe nach eigenem Ermessen). Darauf malen Sie eine große Tüte und gestalten diese mit den vorhandenen Dekorationsmaterialien. Auf die Innenseite der Karte wird der Einladungsvers geschrieben.

Einladungstext

Komm zu mir zum Tütenball,
mach mit, hab Zeit und schau einmal.

Wir wollen spielen, singen, lachen,
uns einen schönen Tag dann machen.

Unser Kostüm ist eine Tüte
wir machen daraus Kleider, Hüte.

Dir fällt dazu bestimmt was ein,
darum lade ich dich herzlich ein

zu einem schönen Tütenfest,
auf dem es sich gut feiern lässt.

Ich wart' auf dich heute um Vier,
und hoffe sehr, du kommst zu mir.

Ist das Tütenfest dann aus,
bringt mein(e) Vater (Mutter) dich nach Haus.

Dekorationen

Für die richtige Raumdekoration des Tütenballs brauchen Sie eine große Menge verschiedener Tüten. Beginnen Sie daher bereits frühzeitig, die unterschiedlichsten Tütenarten und -formen zu sammeln: Zum Beispiel blaue Müllsäcke, gelbe Säcke, Pergamenttüten, Spitztüten (beim Obst- und Gemüsehändler nachfragen), Geschenktüten, Weihnachtstüten, Plastiktüten aller Art usw. Unter die Decke gehängt oder an die Wände geklebt, schmücken sie dann den Partyraum. Hierzu noch einige Ideen:

Tütengesichter

Material

- Viele verschiedene Tüten
- Dekomaterialien wie: verschiedenfarbiges Tonpapier, Korken, Fellreste, Wolle, Stoffreste, Knöpfe, Kronkorken, Girlanden usw.
- Allzweckkleber
- Schere
- Filzstifte (Permanentschreiber im Falle von Kunststofftüten)
- Zeitungspapier
- Bunte Bänder und Schleifen
- Wäscheleine
- Wäscheklammern

So wird's gemacht

Verschönern Sie die gesammelten Tüten, gestalten Sie aus einfachen Tüten richtige »Designertüten«. Verwenden Sie hierzu alle erdenklichen Dekomaterialien aus dem Haushalt (siehe Materialliste). Damit die Dekoration und Gestaltung besser zur Geltung kommt, sollten die Tüten prall mit Zeitungspapier ausgestopft werden. Befestigen Sie bunte Schleifen oder Bänder an den Tüten, damit sie an der Decke aufgehängt werden können. Oder spannen Sie eine Wäscheleine von Wand zu Wand und hängen Sie die Designertüten mit Wäscheklammern an die Leine.

Tütenlieder zur Narrenzeit

Das Lied von der Tütenbande

Melodie
- Die Affen rasen durch den Wald

Zur Narrenzeit, wie wunderbar,
sind heut' ganz viele Narren da.
Ja, ja, die Tütenbande singt,
Ja, jetzt ist Tütenzeit,
ja, jetzt ist Tütenzeit,
ja, jetzt ist Tüten-, Tütenzeit.
Ja, jetzt ist Tütenzeit,
ja, jetzt ist Tütenzeit,
ja, jetzt ist Tüten-, Tütenzeit.

Die Tütenbande springt umher,
sie mögen diese Zeit so sehr.
Ja, ja, die Tütenbande singt.
Ja, jetzt ist …

Aus fern und nah kommen sie an,
egal ob Kind, Frau oder Mann.
Ja, ja, die Tütenbande singt.
Ja, jetzt ist Tütenzeit …

Und ist die Narrenzeit dann aus,
dann geht die Bande leis' nach Haus.
Ja, ja, die Tütenbande singt.
Schön war die Tütenzeit,
schön war die Tütenzeit,
schön war die Tüten-, Tütenzeit.
Schön war die Tütenzeit …

Wir wollen heut zum Feiern gehen …

Melodie
- Wir wollten mal auf Großfahrt gehen (Noten dazu beispielsweise in der Mundorgel)

Wir wollen heut zum Feiern gehn,
kommt, macht jetzt alle mit,
die Narrenzeit, die ist so schön,
wir gehn im Trippelschritt.
(Alle tanzen im Trippelschritt)
Ja, wir singen, wir trippeln wild umher,
wir trippeln heut den ganzen Tag,
denn Trippeln ist nicht schwer.

… wir gehn im Trampelschritt (alle trampeln)
… wir gehn im Sauseschritt (alle laufen schnell)
… wir gehn im Hüpfeschritt (alle hüpfen)

Spiele über Spiele

Tütentreten

Spielerzahl
- Beliebig, Zweiergruppen

Material
- Je nach Spieleranzahl mindestens 10 Butterbrottüten aus Papier
- Entsprechend viele Haushaltsgummibänder
- Kreppklebeband
- Stoppuhr

Spielablauf

Zunächst müssen die Tüten aufgeblasen und mit Haushaltsgummiband verschlossen werden, sodass möglichst wenig Luft entweichen kann. Teilen Sie das Spielfeld mit einem Streifen Kreppklebeband in zwei Spielfelder und verteilen Sie die Tüten gleichmäßig auf die beiden Felder. Auf ein Startkommando versuchen zwei Spieler, möglichst viele dieser Tüten zu zertreten. Wer in einer bestimmten Zeit (Stoppuhr) die meisten Tüten zertreten hat, gewinnt.

Variation

Tütenschlagen: Die Tüten müssen nun mit der Hand zerschlagen werden.

Tütenstechen

Spielerzahl
- Beliebig, Zweiergruppen

Material
- Je Spieler mindestens 1 Papierspitztüte (vom Obst- oder Gemüsehändler)
- Verschiedene leichte Materialien wie Konfetti, Mehl, getrocknete Erbsen, Erdnüsse (in Schalen!) usw.
- Haushaltsgummibänder
- Vorbereitete Rätsel- und Aufgabenzettel
- Wäscheleine
- Je Tüte 1 Wäscheklammer
- Schere

Spielablauf
Geben Sie in einige der Tüten etwas Konfetti, Mehl, getrocknete Erbsen oder einige Erdnüsse. Die so befüllten Tüten werden leicht aufgeblasen und mit einem Gummi zugebunden. Die restlichen Tüten werden ebenfalls aufgeblasen, dann allerdings mit zuvor angefertigten Rätsel- oder Aufgabenzetteln bestückt. Auch diese Tüten binden Sie mit einem Haushaltsgummi zu. Spannen Sie nun eine Wäscheleine so hoch im Partyraum, dass die Kinder sie durch Recken gerade noch erreichen können. An dieser Leine befestigen Sie die Tüten mit je einer Wäscheklammer.
Nacheinander suchen sich die Kinder eine Tüte aus, von der sie glauben, dass darin ein Spiel oder Rätsel versteckt ist. Mit der Schere wird dann die Spitze der ausgewählten Tüte abgeschnitten – entweder fällt ein Zettel heraus, bei weniger Glück rieselt unter Umständen etwas Mehl heraus. Ist ein Zettel darin gewesen, spielt der betreffende Spieler das Spiel oder löst das Rätsel bzw. die Aufgabe. War kein Zettel in der Tüte, versucht der nächste Mitspieler sein Glück.

Beispiele für Aufgaben und Rätsel

- 15 leichte Kniebeugen.
- In 20 Sekunden zehn Worte mit dem Anfangsbuchstaben A finden.
- Ein Weihnachtslied singen (eine komplette Strophe).
- Etwas erfühlen (Wärmflasche mit warmem Wasser, feuchten Schwamm usw).

- Sie geht und geht den ganzen Tag,
  sie bleibt auch stehen, wenn sie mag.
  Manchmal läuft sie auch zu schnell,
  doch sie kommt nicht von der Stell'. *(Uhr)*

- Es hängt ganz schlapp so wie ein Socken,
  ist manchmal nass und manchmal trocken.
  Es duftet manchmal ganz schön frisch,
  man putzt damit ab den Küchentisch. *(Putztuch/Trockentuch)*

- Mit Löchern stellt man es in den Schrank,
  ist manchmal rund und manchmal lang.
  Man muss schon fest daran rütteln
  oder es auch mal tüchtig schütteln.
  Dann stellt man es wieder in den Schrank,
  ist manchmal kurz und manchmal lang. *(Sieb)*

Müllmänner bei der Arbeit

Spielerzahl

- Beliebig, Zweiergruppen

Material

- Viele saubere Verpackungs- und Kunststoffgegenstände
- 2 Kopftücher
- 2 blaue Müllsäcke

Spielablauf

Verteilen Sie im Partyraum saubere Verpackungs- und Kunststoffteile. Binden Sie jedem der ersten beiden Spieler mit einem Kopftuch leicht die Beine zusammen, sodass sie nur noch Tippelschritte machen können. Dann erhält jeder einen großen Müllsack in die Hand und muss nach dem Startkommando den »Abfall« einsammeln gehen. Wer sammelt am meisten Müll ein? Vor einem Spielerpaarwechsel erst die Verpackungs- und Kunststoffteile wieder im Raum verteilen.

Tütenhüpfen

Spielerzahl
- Beliebig, Zweiergruppen

Material
- 2 blaue Müllsäcke
- Kreppklebeband

Für die Variationen
- 6 Stühle
- 2 Hüte
- 2 Sonnenbrillen
- 2 Paar Handschuhe

Spielablauf
Markieren Sie mit etwas Kreppklebeband eine Laufstrecke mit einer Start- und einer Wendelinie. Zwei Kinder steigen in je einen Müllsack und hüpfen um die Wette bis zur Wendemarke und wieder zurück.

Variationen
1 Um Hindernisse hüpfen – zum Beispiel um Stühle.
2 Die Paare hüpfen nacheinander zu drei Stühlen. Auf jedem liegt etwas, was sie anziehen/aufsetzen müssen: Hut, Sonnenbrille, Handschuhe.

Der Kleidersack

Spielerzahl
- Beliebig, Zweiergruppen

Material
- Kreppklebeband
- 2 mit der gleichen Anzahl alter, uriger Kleidungsstücke gefüllte blaue Müllsäcke

Spielablauf
Markieren Sie mit etwas Kreppklebeband eine Startlinie und die Stelle, auf der die gefüllten Kleidersäcke zu liegen kommen. Auf Kommando (»Achtung, fertig, los!«) laufen zwei Kinder zu ihrem Sack, schütten ihn aus und ziehen alles an, was in dem Sack war. Wer ist zuerst verkleidet? Vor einem Spielerpaarwechsel müssen die Müllsäcke natürlich erst wieder neu gefüllt werden.

Tütenpusten

Spielerzahl
- Beliebig

Material
- Kreppklebeband
- Je Spieler mindestens 1 Butterbrottüte aus Papier
- Haushaltsgummibänder

Spielablauf
Kennzeichnen Sie auf dem Fußboden mit etwas Kreppklebeband eine Start- und eine Ziellinie. Jedes Kind bläst eine Butterbrottüte auf, dreht sie zu und verschließt sie mit einem Gummiband. Dann hocken sich alle Kinder vor die Startlinie, jedes mit einer Tüte vor sich auf dem Boden liegend. Nach dem Startkommando laufen alle gleichzeitig auf allen Vieren bis zur Ziellinie – die Tüte muss dabei jeder vor sich her pusten.

Suchen, verkleiden, tanzen

Spielerzahl
- Beliebig, Zweiergruppen

Material
- Je Spieler 1 Wühltüte mit: 1 Kopfbedeckung (Hut, Mütze oder Kopftuch; 1 Augenschutz (Sonnen-, Taucher- oder Skibrille); 1 Handschutz (Woll-, Ski- oder Gummihandschuh)
- Viele zerknüllte Zeitungen

Für die Variation
- Luftballons

Spielablauf
Präparieren Sie für jedes Kind eine Wühltüte. In ihr verstecken Sie zwischen dem zerknülltem Zeitungspapier drei Verkleidungsgegenstände – zum Beispiel je eine Kopfbedeckung, eine Brille und einen (!) Handschuh.
Jedes Kind erhält eine Wühltüte. Auf Kommando wühlen sie die o.g. Dinge heraus und ziehen sie an. Welches Paar tanzt zuerst? Die Paare finden sich durch Vergleichen der Handschuhe.

Variation
Jedes Kind bekommt eine Wühltüte. In jeder zweiten Tüte ist ein aufgeblasener Luftballon zwischen dem Papier versteckt. In den anderen ist nur Papier. Das Kind, welches den Luftballon gefunden hat, sucht sich ein Kind ohne Luftballon und beide tanzen – natürlich erst nachdem sie Mützen, Brillen und Handschuhe angezogen haben – einen Luftballonbauchtanz.

Tütentanz

Spielerzahl
- Beliebig, Zweiergruppen

Material
- Schere
- Je Spieler 1 blauer Müllsack
- Kreppklebeband
- Musik

Spielablauf
Schneiden Sie in die geschlossenen Seiten der Müllsäcke eng nebeneinander zwei Löcher. In diese Löcher steigt jedes Kind mit je einem Bein ein. Dann wird der Müllsack so weit hochgezogen, dass nur die Füße der Kinder herausschauen. Zum Schluss wird der Sack mit etwas Kreppklebeband fest um die Hüfte gegürtet. Jetzt die Musik anschalten, und es kann getanzt werden.

Tütenmodenschau

Spielerzahl
- Beliebig, Zweiergruppen

Material
- Alle erdenklichen Tütensorten und -formen
- Stifte
- Notizpapier
- Schere
- Kreppklebeband
- Wäscheklammern
- Filzstifte
- Fellreste
- Allzweckkleber
- Luftballons
- Schminke
- Haarspray
- Sonnenbrillen
- Taschen
- Schuhe und andere Dinge, die eine Modenschau zum Höhepunkt werden lassen

Spielablauf

Je zwei Kinder bilden ein Team. Im Team denken sie sich eine Verkleidung aus Tüten aus. In den nächsten 30 Minuten versuchen sie, aus den vorhandenen Kleidungsstücken und den vielen anderen Dingen (siehe Materialliste) ihre Kostümidee umzusetzen – eventuell hilft dabei je Gruppe ein Erwachsener. Außerdem muss noch ein Name für das Kostüm und ein dazu passender Werbetext gefunden werden. Nach den 30 Minuten zieht einer aus dem Team das Kostüm an, der andere wird während der Modenschau den Werbetext vorlesen. Jetzt kann die Modenschau beginnen. Welches Team hat das originellste, schönste oder lustigste Kostüm?

Mitmachgeschichten

Das traurige Leben eines blauen Müllsacks

Vorbereitung und Spielhinweis

Legen Sie den blauen Sack auf einen Stapel Zeitungen. Gelber Sack, Schere und Band liegen griffbereit daneben. Die Kinder verteilen sich in Kreisform um den Zeitungspapierstapel mit dem blauen Sack obenauf. Sobald die entsprechenden Plastikteile in der Geschichte genannt werden, werden sie von den Kindern in den gelben Sack geworfen.

Material

- 1 blauer Sack
- 1 gelber Sack
- saubere Kunststoffteile wie: Jogurtbecher, Margarinetöpfe, Plastikflaschen, Milchtüten, Apfelsafttüten, Quarkbecher, Sahnebecher usw.
- Stapel Zeitungen
- Schere
- 40 cm langes Geschenkband

Die Geschichte

Es war einmal ein großer blauer Sack, der führte ein schrecklich trauriges Leben. Platt und zerknittert lag er auf einem Stapel alter Zeitungen. Er war so traurig, weil er niemanden hatte, mit dem er sich unterhalten konnte. Eines Tage bekam er Besuch. Ein gelber Sack gesellte sich zu ihm *(Den gelben Sack dazu legen.)*. »Wer bist du?«, fragte der gelbe Sack mit unfreundlicher Stimme. »Ich bin ein blauer Sack und fühle mich so überflüssig. Ich werde von niemandem gebraucht. Und wer bist du?«, fragte der blaue Sack. »Frag nicht so dumm«, antwortete immer noch unfreundlich der gelbe Sack. »Ich bin ein gelber Sack, das siehst du doch, und ich bin sehr wichtig.« Kaum hatte der gelbe Sack das gesagt, wurde er auch schon von dem Stapel Zeitungen genommen und mit einem Ruck aufgerissen *(Den gelben Sack nehmen und mit einem Ruck aufreißen.)*. Der blaue Sack sah mit Entsetzen, was passierte. Der gelbe Sack wurde mit Jogurtbechern, Margarinetöpfen, Plastikflaschen, Milchtüten, Apfelsafttüten, Quarkbechern, Sahnebechern und noch anderen Plastikteilen vollgestopft *(Die Kunststoffgegenstände werden in der Reihenfolge, in der sie genannt wurden, von den Kindern in den gelben Sack geworfen.)*. Dann wurde er zugebunden *(Den gelben Sack zubinden.)* und in die Ecke gestellt. »Auch kein schönes Leben«, dachte der blaue Sack. Gerade als er das gesagt hatte, griff jemand nach ihm *(Den blauen Sack nehmen.)*. Oh weh, mit einer großen Schere wurden Löcher in ihn für ein Kleid geschnitten *(Löcher für den Kopf und die Arme hineinschneiden.)*. Dann wurde er noch ein Stück kürzer gemacht *(Von der offenen Seite her ein Stück abschneiden.)*, und nun stieg ein Kind in ihn hinein *(Ein Kind zieht diese Mülltüte über.)*. Es stellte sich vor einen Spiegel und freute sich *(Pantomimisch vom Kind spielen lassen.)*.Jetzt sah sich auch der blaue Sack. Er fand sich als Kleid sehr schön und dachte ganz leise: »Jetzt weiß ich, wofür ich gebraucht werde«, und dann ging das Kind mit dem blauen Kleid hinaus. Der gelbe Sack aber stand immer noch vollgestopft in der Ecke.

Klaus, der Tütensammler

Material

- 1 großes Tischtuch
- 2 saubere Milchtüten
- 1 Plastiktüte
- 2 Bioabfalltüten (aus Papier)
- 3 Butterbrottüten
- 2 Gefriertüten
- 3–4 bunte Geschenktüten
- 1 Jutesack
- 1 Nikolaustüte

Vorbereitung und Spielhinweis

Die in der Materialliste genannten Tüten werden von den Kindern entsprechend der Geschichte auf das Tischtuch gelegt und auch wieder vom Tischtuch genommen. Gutes Zuhören und schnelles Reagieren ist gefragt, denn nicht für jeden ist eine Tüte da, aber alle dürfen mitspielen.
Die Kinder setzen sich um das in der Kreismitte auf dem Boden liegende Tischtuch und Sie verteilen die Tüten an die Kinder.

Die Geschichte

Es gibt viele Menschen, die etwas sammeln. Einer von ihnen ist Klaus. Er sammelt keine Briefmarken, keine Bierdeckel und auch keine Ansichtskarten. Er sammelt Tüten. In seinem Regal sind sehr, sehr viele Tüten: Milchtüten, Plastiktüten, Bioabfalltüten, Butterbrottüten, Gefriertüten, bunte Tüten, Jutesäcke und sogar Nikolaustüten *(Die genannten Tüten werden von den Kindern auf das Tischtuch geworfen.)*. Jede Tüte ist anders, und Klaus ist stolz auf seine seltene Sammlung. Er kann nicht genug davon bekommen und bringt täglich neue mit: Milchtüten, Butterbrottüten, Plastiktüten, Biotüten, Gefriertüten, bunte Tüten, Jutesäcke *(Die genannten Tüten werden schnell wieder von dem Tuch genommen.)*. Nur Nikolaustüten, die findet er jetzt in der Karnevalszeit nicht *(Die Nikolaustüten vom Tisch nehmen.)*. Ordentlich stellt er sie zu den anderen Tüten ins Regal. So geht das tagaus und tagein. Immer wieder findet er neue und andere: Bunte Tüten, Gefriertüten, Plastiktüten, Butterbrottüten, Bioabfalltüten, Jutesäcke *(Die genannten Tüten werden wieder auf das Tuch geworfen.)*. Nur wieder keine Nikolaustüten. *(Die Nikolaustüten auf das Tuch werfen.)* Einmal im Jahr, nämlich an seinem Geburtstag, da holt Klaus seine Bioabfalltüten, Plastiktüten, Gefriertüten, bunten Tüten, Jutesäcke, Butterbrottüten und natürlich auch seine Nikolaustüten aus dem Regal und zeigt sie seinen Freunden *(Die Tüten werden noch einmal vom Tuch genommen.)*. Klaus ist stolz auf seine Sammlung.

Rezepte – Essen und Trinken aus der Tüte

Überraschungssandwich

Zutaten *für 6 Personen*
- 1 Toastbrot
- 1 Tube Remoulade
- 6 Scheiben Kochschinken
- 6 gekochte Eier
- 1 Eisbergsalat
- 1 Salatgurke
- 6 Tomaten
- 6 Möhren
- Frisches Obst nach Wahl
- Haushaltsalufolie

Zubereitung

Die Brotscheiben toasten und mit etwas Remoulade bestreichen. Gemüse, Obst und die Eier in Scheiben schneiden und den Toast damit nach Wahl belegen. Aus der Haushaltsalufolie eine Art Tüte formen und in sie das Sandwich legen.

Hähnchenhappen

Zutaten *für 6 Personen*
- 500 g Hähnchenbrustfilet
- Pfeffer
- Salz
- Paniermehl
- 1 Ei

Zubereitung

Das Hähnchenbrustfilet in kleine Stücke schneiden, mit Pfeffer und Salz würzen und die Filetstückchen in einer Panade aus Ei und Paniermehl wälzen. Danach die panierten Filetstücke in heißem Fett braten, auf Küchenpapier erkalten lassen und in eine Papiertüte füllen. Die Hähnchenhappen schmecken besonders gut mit etwas Ketchup oder Majonäse.

Saft aus der Tüte

Zutaten
- Verschiedene Obstsäfte

Zubereitung

Für die Durstigen gibt es ebenfalls etwas aus der Tüte – nämlich Saft aus Tetrapacks. Halten Sie verschiedene Obstsäfte zur Auswahl bereit, dazu genügend Kunststoffbecher.

Eine Reise um die Welt

Alter:

- Ab 3 Jahren

Ort:

- Leerer Kellerraum, Dachboden, Partyraum oder auch ein beliebiges Zimmer

Kinder verreisen meist sehr gern, und daher wird ein Fest unter diesem Motto bestimmt ein großer Erfolg. Für dieses Thema finden Sie sicherlich einige geeignete Kleidungsstücke als Verkleidung bereits im Schrank: vielleicht eine Lederhose, ein kariertes Hemd, ein Jagdhut und schon ist man ein bayrischer Bub. Oder ein Dirndl? Und schon wird aus dem Mädchen von der Waterkant ein bayrisches Madel. Oder liegt in der Kiste auf dem Dachboden eventuell noch ein Indianer- oder Cowboykostüm? Sollten Sie noch nichts vorrätig haben, finden Sie in diesem Kapitel genügend Verkleidungsvorschläge, die Ihr Kind beispielsweise flugs in eine Afrikanerin oder in einen Chinesen verwandeln. Internationales Flair erhält der Festraum ganz schnell und einfach durch selbst gebastelte Weltkugeln oder bunte Fahnen, und fürs leibliche Wohl ist mit leicht vorzubereitenden Köstlichkeiten aus der italienischen Küche gesorgt.

Verkleidungen

Chinese

Material

- Schwarze Hose
- Gelbes T-Shirt
- Schwarzer Filzstift
- Gelber Tonkarton
- Großer Teller
- Stift
- Tacker
- Schwarzes Krepppapier
- 1 Knäuel schwarzer Wolle
- 1 Rolle Hutgummi
- Dicke Näh- oder Stopfnadel
- Gelbes Krepppapier oder gelber Stoff
- Locher
- Schere
- Gelbe Karnevalsschminke
- Schwarzer Schminkstift

So wird's gemacht

Eine schwarze Hose, ein gelbes T-Shirt, auf das mit einem schwarzem Filzstift chinesische Zeichen gemalt wurden, und schon ist das Grundkostüm fertig.

Für den Hut zeichnen Sie mit Hilfe des Tellers, den Sie mit einem Stift umranden, einen großen Kreis auf den gelben Tonkarton und schneiden ihn aus. Schneiden Sie ihn dann bis zur Mitte ein, schieben Sie dann die Enden der Schnittkanten etwas übereinander und heften Sie den Hut mit dem Tacker zusammen. Zum Chinesenhut wird er durch »chinesische« Fantasieschriftzeichen.

Aus schwarzer Wolle oder schwarzen, schmalen Krepppapierstreifen flechten Sie einen Zopf, den Sie hinten am Hut festtackern. Etwas Hutgummi sorgt dafür, dass der Hut nicht verrutscht. Bohren Sie dafür mit einer Stopfnadel seitlich je ein Loch in den Hut, ziehen Sie an beiden Seiten etwa 20 cm Hutgummi durch, das Sie an beiden Enden verknoten. Unterm Kinn zusammengebunden, hält der Hut nun allen Feierturbulenzen stand.

Sollten Sie kein gelbes T-Shirt besitzen, können Sie aus 130 cm langem und 40 cm breitem gelbem Krepppapier bzw. gelbem Stoff ganz einfach einen Umhang fertigen: Ziehen Sie an der oberen Kante mit Hilfe einer dicken Nähnadel etwa 100 cm Hutgummi, durch verknoten Sie die Enden, damit sie nicht herausrutschen. Malen Sie noch die chinesischen Fantasieschriftzeichen oder stempeln Sie die Namen chinesischer Städte darauf, und das Kostüm ist komplett. Das Gesicht des kleinen Chinesen kann nun noch mit gelber und schwarzer Schminke geschminkt werden.

Afrikanerin

Material
- Bunte Stoffreste (aus alten Kleidungsstücken)
- Breites Gummiband (Hosengummi)
- 1 Tüte bunter Perlen
- 1 Rolle Hutgummi
- Schwarze Hose
- Schwarzer Pulli
- Schwarzes Haarspray und Schminke

So wird's gemacht

Schneiden Sie die bunten Stoffreste in 20–30 cm lange und 5 cm breite Streifen. Nähen Sie die Streifen an das Gummiband, schließen Sie das Band mit einigen Stichen zum Kreis, sodass ein Rock entsteht. Die Perlen fädeln Sie zu Hals-, Arm- und Fußketten auf Hutgummi auf. Schwarz gekleidet und geschminkt, ist die Verkleidung für die kleine Afrikanerin perfekt.

Mexikaner

Material

- Kleine karierte Wolldecke (etwa 130 x 170 cm, Größe des Kindes berücksichtigen)
- Schere
- Großer mexikanischer Hut
- Braune Karnevalsschminke

So wird's gemacht

Schneiden Sie in die Wolldecke ein Loch, und schon kann die Decke als Poncho getragen werden. Der typische Hut und etwas Gesichtsschminke machen aus jedem Kind schnell einen richtigen Mexikaner.

Japanerin

Material

- Einfarbiges Badetuch
- Schere
- Kordel (zum Beispiel aus Wollfäden gedreht)
- Sauberer Wischmopp
- Dicke Nähnadel
- Wolle
- 2 Stricknadeln
- Badeschlappen
- Karnevalsschminke

So wird's gemacht

Schneiden Sie in die Mitte eines Badetuchs ein Loch. Nun kann das Badetuch über den Kopf gezogen und mit einer Kordel als japanisches Kleid getragen werden. Aus dem Wischmopp entsteht eine Perücke: Nähen Sie den Wischmopp erst an den schmalen Seiten, dann noch an einer der beiden offenen Längsseiten mit ein paar Stichen zusammen. Stülpen Sie ihn um, und nun kann der Mopp wie ein Hut aufgesetzt werden. Stilecht wird die Perücke, indem noch die beiden Stricknadeln hineingesteckt werden. Badeschlappen und etwas Schminke – fertig ist die Japanerin.

Einladungskarten

Weltkugel

Material

- Doppelseitige, weiße Klappkarte
- Filzstifte
- Schere
- Allzweckkleber

So wird's gemacht

Malen Sie mit den Filzstiften eine Weltkugel so auf die Vorderseite der Karte, dass Sie über die Falzkante hinaus malen. Die Weltkugel schneiden Sie nun so aus, dass die Karte immer noch als Klappkarte genutzt werden kann – Achtung, den Falz dabei nicht abschneiden! Auf den Innenteil der Karte notieren Sie den Einladungstext.

Einladungsvers

Komm, wir reisen um die Welt,
und dort, wo es uns gut gefällt,

wollen wir feiern und auch lachen,
viele schöne Dinge machen.

Ich lade dich jetzt zu mir ein,
und ich würde mich sehr freu'n,

dich nett verkleidet dann zu sehn,
ich glaube, unser Fest wird schön.

Ich habe mir viel ausgedacht,
was allen ganz viel Freude macht.

Flugzeug

Material
- Weißer Karton
- Lineal
- Schere
- Filzstifte

So wird's gemacht

Schneiden Sie aus dem Karton ein 40 cm langes und 20 cm breites Rechteck, das Sie noch einmal in der Mitte zu einer Doppelkarte falten. Wieder aufgeklappt, zeichnen Sie auf die Außenseite der Karte – den Falz mit einbeziehen! – ein Flugzeug. Dieses schneiden Sie dann so aus, dass es aufklappbar ist. Nun noch das Flugzeug von beiden Seiten bemalen und dann können Sie innen den Einladungstext hineinschreiben.

Variation

Statt des Flugzeuges kann auf gleiche Weise ein Schiff gezeichnet und dann entsprechend bemalt und ausgeschnitten werden.

Dekorationen

Fahnen aus aller Welt

Material
- Mehrere Bögen weißen Kartons (DIN A3)
- Lineal
- Schere
- Filzstifte, dicke Wachsmalstifte oder Wasserfarben
- Nylonfaden
- Doppelseitiges Klebeband (ablösbar)
- Nadel und Garn

Für die Variation
- Streifen aus Stoffresten

So wird's gemacht

Fertigen Sie aus den Kartons 20 x 30 cm große Rechtecke, die Sie in den jeweils entsprechenden Farben der verschiedensten Länder zu Fahnen gestalten. Mit einem Nylonfaden werden die Fahnen unter die Decke gehängt oder mit doppelseitigem Klebeband an die Wände geklebt.

Variation

Nähen Sie die einzelnen Fahnen mit Hilfe einer Nähmaschine auf einen etwa 10 cm breiten Streifen aus Stoffresten zu einer Girlande, die dann aufgehängt werden kann. Die Länge des Stoffstreifens richtet sich nach der Größe des Partyraumes.

Tanzende Weltkugeln

Material
- 10 Tortenunterlagen (aus Pappe)
- Wachsmalstifte
- Dicke Nähnadel
- Nylonfaden
- Doppelseitiges Klebeband (ablösbar)

So wird's gemacht

Gestalten Sie die Tortenunterlagen von beiden Seiten mit den Wachsmalstiften zu Weltkugeln. Bohren Sie ein Loch durch die Pappe und ziehen Sie einen Nylonfaden hindurch, knoten Sie ihn fest. Mit etwas Klebeband werden die Weltkugeln an der Decke des Partyraumes aufgehängt. Sie können sie allerdings auch direkt an die Wände kleben.

Hüte aus aller Welt

Material
- Verschiedene Hüte (aus der Karnevalsabteilung oder aus vergangenen Karnevalssessionen)
- Fester Nylonfaden
- Nähnadel
- Doppelseitiges Klebeband (ablösbar)

So wird's gemacht

Ziehen Sie den Nylonfaden durch die Hüte und schmücken Sie mit ihnen die Zimmerdecke. Zur Befestigung der Hüte nehmen Sie etwas doppelseitiges Klebeband, oder binden Sie die Hüte an Lampen, Bilderhaken, Vorhangschienen etc. fest.

Gesichter aus aller Welt

Material
- 10 Tortenunterlagen (aus Pappe)
- Wachsmalstifte
- Federn
- Borte
- Krepppapier
- Wolle
- Perlen
- Stoffreste

So wird's gemacht

Mit Hilfe der in der Liste genannten Materialien gestalten Sie die Tortenunterlagen zu verschiedenen Gesichtern wie: Indianer, Afrikaner, Chinese usw. Diese Gesichter werden als Dekoration an die Decke gehängt.

Spiellied

Wir wollten mal auf Reisen gehen

Melodie

- Wir wollten mal auf Großfahrt gehen

Spielhinweis

Die Kinder sitzen dicht hintereinander auf dem Boden oder dicht hintereinander auf Bierkästen (Schiff). Beim Refrain rudern sie und bewegen dabei ihren Körper immer leicht vor und zurück.

Wir wollten mal auf Reisen gehn,
wohl um die ganze Welt.
Das war gefährlich, doch sehr schön,
wir schliefen oft im Zelt.

Refrain:
Heo, heo, das Reisen, das ist schön,
wir fahren mit dem großen Schiff,
es gibt ganz viel zu sehn.

In Holland, wo die Mühlen stehn,
fuhr unser Schiff an Land.
Wir gingen dort den ganzen Tag
dann barfuss durch den Sand.

Refrain:
Heo, heo...

In Spanien war es furchtbar heiß,
dort hielten wir's nicht aus,
hier saßen wir den ganzen Tag
nur müde in dem Haus.

Refrain:
Heo, heo ...

Wir waren in Amerika,
da war es auch sehr schön.
Wolkenkratzer ohne Zahl,
die konnten wir dort sehn.

Refrain:
Heo, heo …

Doch nach drei Wochen war vorbei
die wunderschöne Zeit.
Das Schiff, es brachte uns nach Haus,
der Heimweg war sehr weit.

Refrain:
Heo, heo…

Spiele über Spiele

Lauter Andenken

Spielerzahl
- Beliebig

Material
- Tisch
- Tischtuch
- Verschiedene »Andenken« wie: Muscheln, schöne Steine, Hut, Weinflasche, Bierkrug, Kuscheltier, Schachtel, Handtuch, Sonnenbrille, Spazierstock usw.
- Schal oder Kopftuch

Spielablauf

Legen Sie alle Andenken (siehe Materialliste) auf einen Tisch unter das Tischtuch. Dem ersten Spieler verbinden Sie mit dem Schal die Augen. Dann wird das Tischtuch weggezogen, und das Kind kann nun einzelne Andenken erfühlen und erraten. Jeder Spieler hat drei Versuche, danach wird gewechselt.

Variationen

1 Sie nennen ein Andenken, und das Kind versucht, dieses zu ertasten.
2 Mehrere Andenken liegen offen auf dem Tisch ausgebreitet. Der jeweilige Spieler schaut sich diese an und dreht sich um. Ein Mitspieler nimmt eines der Andenken weg. Nun darf sich das ratende Kind wieder umdrehen: Welches Andenken fehlt?

Käse rollen in Holland

Spielerzahl
- Beliebig, mindestens 2 Zweiergruppen

Material
- Kreppklebeband
- 6 Deckel oder Plastikteller

Spielablauf
Markieren Sie mit dem Kreppklebeband zwei Spielbahnen mit Start- und Ziellinie auf dem Boden. Den Abstand zwischen Start und Ziel nicht zu groß wählen – etwa 5 m.
Auf jeder Spielbahn spielt ein Team von zwei Kindern. Eines kniet am Start, das andere am Ziel. Auf Kommando rollt das Kind am Start seinen Käse (Teller oder Deckel) mit festem Schwung zum Ziel. Am Ziel nimmt das Kind den Deckel in Empfang. Wer hat zuerst seinen Käse zum Ziel gerollt?

Koffer packen

Spielerzahl
- Beliebig, Zweiergruppen

Material
- Viele verschiedene Kleidungsstücke
- Schuhe
- Taschen
- Taucherbrille
- Handtücher usw.
- 2 Koffer oder 2 Reisetaschen

Für die Variationen
- Stoppuhr
- 2 Kopftücher

Spielablauf
Verstreuen Sie alle Kleidungsstücke, Schuhe usw. frei auf den Boden des Partyraumes. Auf einer zuvor mit Kreppklebeband markierten Linie steht je eine Tasche oder ein Koffer vor dem ersten Spielerpaar. Nach dem Startkommando laufen die Kinder los und packen alles, was sie ergreifen können, in den Koffer. Zum Schluss werden die Stücke gezählt. Wer hat die meisten Dinge gepackt?

Variationen
1 In einer bestimmten Zeit (Stoppuhr) soll so viel wie möglich eingepackt werden. Sobald Sie »Stopp« rufen, müssen die Kinder sofort mit dem Einsammeln aufhören.
2 Nennen Sie die einzupackenden Kleidungsstücke laut beim Namen – zum Beispiel: »Schuhe!«. Auf der Stelle laufen die beiden Spieler los, suchen und holen alle Schuhe.
3 Die Kinder suchen und packen mit verbundenen Augen.

Eiffelturm bauen in Frankreich

Spielerzahl
- Beliebig, Zweiergruppen

Material
- Viele verschieden große Töpfe
- Dosen
- Kisten
- Kästen
- Eimer

Spielablauf
Je zwei Kinder bauen aus Töpfen, Dosen, Kisten usw. einen hohen Turm – den Eiffelturm. Sie bauen so lange, bis er bei einem der Baumeister zusammenfällt. Dann kommt die nächste Zweiergruppe an die Reihe.

Schlitten fahren auf dem Gletscher

Spielerzahl
- Beliebig, mindestens 2 Zweiergruppen

Spielort
- Raum mit glattem Boden

Material
- Kreppklebeband
- 2 lange Badetücher
- Pfeife

Spielablauf
Markieren Sie mit dem Kreppklebeband zwei Rodelbahnen mit Start- und Ziellinie auf dem Boden. Auf jeder Rodelbahn spielt ein Team von je zwei Kindern. Eines sitzt am Start auf dem Handtuch – dem Schlitten. Nach dem Startsignal greift sich das zweite Kind die Handtuchzipfel und zieht seinen Spielpartner so schnell wie möglich ans Ziel. Welches Team gewinnt?

Weinflaschen füllen in Italien

Spielerzahl
- Beliebig, Zweiergruppen

Material
- Kreppklebeband
- 2 Tische oder Hocker
- 8 leere Wasserflaschen aus Plastik
- 2 Tabletts
- 2 große Messbecher, gefüllt mit getrockneten Erbsen, trockenem Sand oder Wasser
- 2 Trichter
- 2 leere Wasserkästen
- Pfeife

Spielablauf
Markieren Sie zwei Start- und Ziellinien mit etwas Kreppklebeband. Auf die Startlinie stellen Sie die beiden Tische oder Hocker nebeneinander. Auf jedem steht ein Tablett mit vier leeren Plastikflaschen, einem mit getrockneten Erbsen gefüllten Messbecher und einem Trichter. Auf die Ziellinie stellen Sie genau gegenüber die beiden Wasserkästen. Am Start stehen zwei Kellner vor ihren Tischen bereit.
Auf Kommando füllen die beiden Kellner eine der noch leeren Flaschen mit den Erbsen, bringen sie zum Wasserkasten, laufen zurück und füllen die nächste Flasche usw. Wer hat seine Weinflaschen als Erster gefüllt und in den Wasserkasten gebracht?

Popcornwettessen (Nudeln)

Spielerzahl
- Beliebig

Material
- Tiefe Teller
- Popcorn

Für die Variation
- Spaghetti mit Tomatensauce
- Küchenpapier oder Handtücher

Spielablauf

Die Kinder knien oder sitzen vor je einem mit der gleichen Menge Popcorn gefüllten Teller, die Hände auf dem Rücken. Wer hat als Erster – ohne die Hände zu Hilfe zu nehmen – seinen Teller leer gegessen?

Variation

Schwieriger wird's mit richtigen Spaghetti mit Tomatensauce. Halten Sie bei dieser Spielvariante Küchenpapier oder einige Handtücher für den Fall kleinerer Malheurs bereit.

Mitmachgeschichte

Capu und Ccino

Material
- Großes blaues Tuch oder aufgeschnittener blauer Müllsack
- Verschiedene Stoffreste in Rot, Gelb, Grün und Weiß
- Schere
- Je Spieler 1 Stuhl, 1 Hocker oder 1 umgedrehter Bierkasten

Vorbereitung und Spielhinweis

Legen Sie das Tuch (oder einen aufgeschnittenen Müllsack) auf den Boden – das Tuch symbolisiert das Meer. Aus den Stoffresten schneiden Sie kleine Quadrate oder kleine Fische, die auf das blaue Tuch gelegt werden. Die Kinder sitzen auf einem Stuhl, auf einem Hocker oder auf einem umgedrehten Bierkasten um das Meer herum verteilt.

Bei dem Wort **Capu** stehen die Kinder auf, bei dem Wort **Ccino** setzen sie sich. Werden die Farben genannt, springen sie auf und greifen sich ein entsprechendes Stück Stoffrest – sie fangen einen Fisch. Da jedoch nicht für alle Kinder gleich viele Farben = Stoffreste vorhanden sind, müssen sie schnell reagieren, um einen zu fangen.

Die Geschichte

In Italien wohnen zwei Brüder. Sie heißen **Capu** und **Ccino.** Die beiden leben mit ihren Eltern in einem kleinen Fischerdorf, ganz nah am Meer. Ihr Vater ist Fischer und **Ccino** und **Capu** fahren oft mit ihrem Vater hinaus aufs Meer und schauen ihm beim Angeln zu. **Capu** und **Ccino** wollen auch, wenn sie einmal groß sind, Fischer werden. Damit sie gute Fischer werden, üben **Capu** und **Ccino,** so oft es geht, an ihrem kleinen Strand. Auch heute gehen sie wieder mit Eimern und kleinen Netzen in den Händen los. **Ccino** und **Capu** stehen mit ihren nackten Füßen im Wasser und warten auf die vielen bunten Fische. Es dauert gar nicht lange, da kommen sie auch schon angeschwommen. **Capu** und **Ccino** sind ganz leise, und dann mit einem Mal greifen sie zu. Zuerst fangen sie die roten Fische *(Alle greifen ein rotes Stoffstück.),* dann fangen sie die gelben Fische *(Alle greifen ein gelbes Stoffstück.),* danach die grünen Fische *(Alle greifen ein grünes Stoffstück.)* und ganz zum Schluss die weißen Fische *(Alle greifen nach den weißen Stoffstücken.).* Nun ist kein Fisch mehr zu sehen. **Capu** und **Ccino** sind stolz. Sie haben heute ganz viel gefangen. **Ccino** und **Capu** machen sich auf den Heimweg. Zu Hause zeigen **Capu** und **Ccino** stolz ihrem Vater ihren Fang, und auch er weiß nun, dass aus **Ccino** und **Capu** einmal gute Fischer werden.

Nudelige Rezepte aus Italien

Spaghetti mit Tomatensauce

Zutaten
für 4 bis 6 Personen

- 3 El Mehl
- 1 El Butter
- 1/4–1/2 l Wasser
- 1 Tube Tomatenmark
- Salz
- Pfeffer
- 500 g Nudeln

Zubereitung

Aus dem Mehl, der Butter und dem Wasser eine Mehlschwitze zubereiten. Mit Tomatenmark, Salz und Pfeffer würzen. In der Zwischenzeit die Nudeln nach Packungsanleitung bissfest kochen. Mit der Sauce servieren.

Nudelgehacktes

Zutaten
für 4 bis 6 Personen
- 500 g gemischtes Hackfleisch
- 4–6 große Zwiebeln
- 1 Dose geschälte Tomaten
- 1 Pck. fertig gemischte Tomatensauce mit Kräutern
- 1 Tube Tomatenmark
- Salz
- Pfeffer
- 500 g kurze Nudeln

Zubereitung
Das Hackfleisch leicht anbraten und mit Salz und Pfeffer würzen. Die Zwiebeln in feine Würfel schneiden und dazugeben, ebenfalls leicht anbräunen. Die geschälten Tomaten mit der Flüssigkeit und dem Tomaten-Kräutergemisch dazugeben und alles etwa 10 Minuten einkochen lassen. Mit dem Tomatenmark würzen.
In der Zwischenzeit die Nudeln nach Packungsangaben bissfest kochen. Das Kochwasser abschütten und das Hackfleisch darunter geben. Alles nochmals mit Salz und Pfeffer abschmecken.

Gemüsenudeln

Zutaten
für 4 bis 6 Personen
- 1 Pck. gefrorene Erbsen
- 4 Möhren
- 1 Gemüsezwiebel
- Öl
- Salz
- 1/4 l Brühe
- 125 g Sahne
- Ketchup
- 1 Tube Tomatenmark
- Pfeffer
- 500 g Nudeln

Zubereitung
Die Erbsen auftauen. Die Möhren und die Zwiebel schälen und in kleine Würfel schneiden. Etwas Öl in eine große Pfanne geben, die Zwiebeln darin kurz anbraten, dann die Möhren und die Erbsen zufügen und alles 10 Minuten schmoren. Mit Salz und Pfeffer abschmecken. Nun die Brühe dazugeben und alles nochmals 5–10 Minuten köcheln lassen. Abschließend die Sahne einrühren und mit dem Ketchup und dem Tomatenmark abschmecken. In der Zwischenzeit die Nudeln nach Packungsangaben bissfest kochen. Das Kochwasser abgießen, und die Nudeln unter das Gemüse mengen. Bei Bedarf nochmals mit Salz und Pfeffer abschmecken.

Unterwasserfasching

Alter:

- Ab 5 Jahren

Ort:

- Leerer Kellerraum, Garage oder Dachboden

Die Unterwasserwelt hat viele Geheimnisse und lädt zu Abenteuern ein. Diese Abenteuerlust kann gestillt werden, wenn Sie mit Ihrem Kind eine Karnevalsparty unter diesem Motto vorbereiten und feiern. Auch hier kann mit Tüten, Luftballons und buntem Karton ein Keller schnell in eine Unterwasserlandschaft verwandelt werden. Im Sommerurlaub gesammelte Muscheln, selbst gemalte Papierfische und – wenn's so richtig authentisch werden soll– ein Original-Fischernetz als Deckendekoration bringen Ihre kleinen Gäste in die richtige Stimmung. Nicht zu vergessen – der Seemannsschmaus. Sie werden sehen, die Welt unter Wasser kann gehörig viel Spaß verbreiten.

Einladungskarten

Glitzerfische

Material

- Weißes oder farbiges Tonpapier
- Bleistift
- Schere
- Glitzerstifte
- Dünnes farbiges Papier
- Allzweckkleber
- Filzstifte

So wird's gemacht

Schneiden Sie aus dem Tonpapier etwa 15 x 20 cm große Rechtecke. Skizzieren Sie auf diese Karten mit Bleistift eine Fischform, die Sie ausschneiden und dann mit bunten Glitzerstiften und farbigem Papier frei gestalten. Auf die Rückseite der Karte wird alles aufgeschrieben, was für die Feier wichtig ist.

Krakenkarten

Material

- Mehrere Bierdeckel
- Weißes und schwarzes Tonpapier
- Bleistift
- Schere
- Allzweckkleber
- Filzstifte
- Knöpfe, dicke Perlen oder kleine bunte Wattekugeln
- Roter Filz
- Krepppapier
- Klebefilm

So wird's gemacht

Nehmen Sie einen Bierdeckel als Schablone und schneiden Sie aus den Tonpapieren so viele weiße und schwarze Kreise in Bierdeckelgröße, wie Sie Einladungskarten benötigen. Jeder Bierdeckel wird nun auf der einen Seite mit einem schwarzen Kreis und auf der anderen Seite mit einem weißen Kreis beklebt. Auf die weiße Seite notieren Sie alle Informationen, die für die Feier von Bedeutung sind. Auf die schwarze Seite kleben Sie Knöpfe, dicke Perlen oder Wattekugeln als Augen für den Kraken. Aus dem roten Filz basteln Sie dem Kraken ein Maul. Und aus dem Krepppapier schneiden Sie 2 cm breite und 15 cm lange Streifen, die Sie mit etwas Klebefilm als Fangarme an der weißen Seite der Krakenkarte befestigen.

Die Seeigel-Karte

Material
- Weißer Karton
- Untertasse
- Bleistift
- Mehrere Bögen nicht zu feines Schmirgelpapier
- Allzweckkleber
- Filzstifte

So wird's gemacht

Nehmen Sie die Untertasse als Schablone und zeichnen Sie so viele Kreise auf den weißen Karton, wie Sie Einladungskarten benötigen. Schneiden Sie die Kreise aus und kleben Sie sie auf die Schmirgelpapierbögen. Die »Seeigel« müssen nun nochmals ausgeschnitten werden. Auf die weiße Kartonseite schreiben Sie den Einladungstext.

Dekorationen

Die Unterwasserwelt

Material
- Blaue Müllsäcke
- Schere
- Doppelseitiges Klebeband (ablösbar)
- Blaues und grünes Krepppapier
- Karton in verschiedenen Farben
- Glitzerklebstoff
- Glitzerpapier
- Filzstifte
- Locher
- Nylonfaden
- Allzweckkleber
- Sand
- Lichterketten

Achtung
- Fixieren Sie die Müllsäcke = Meeresboden sorgfältig mit Kreppklebeband am Boden. Rutschgefahr!

So wird's gemacht

Ein leer stehender Raum ist leicht in ein Meer zu verwandeln. Spannen Sie dazu blaue Müllsäcke an die Wände, und lassen Sie lange Bänder aus blauem und grünem Krepppapier von der Decke hängen.

Schneiden Sie eine Vielzahl großer und kleiner Fische aus den bunten Kartons und gestalten Sie sie frei nach Fantasie mit Streifen aus Glitzerpapier oder mit bunten Filzstiften. Stanzen Sie dann mit einem Locher je ein Loch in die Fische, fädeln Sie etwas Nylonfaden durch das Loch hindurch, verknoten Sie den Faden und hängen Sie die Fische zwischen die blauen und grünen Bänder.

Blaue Folie am Boden (aufgeschnittene blaue Müllsäcke), auf die Sand gestreut wird, verwandelt den Fußboden in einen Meeresboden. Barfußspiele sind an diesem Nachmittag dann bestimmt etwas Besonderes.

Lichterketten an Decke oder Wänden lassen die Unterwasserwelt geheimnisvoll wirken. Ganz authentisch wird's natürlich mit einem Fischernetz an der Decke.

Verkleidungen

Mülltütenfische

Material
- Blaue Müllsäcke
- Schere
- Krepppapier in vielen Farben
- Klebefilm

So wird's gemacht

Die Müllsäcke werden zu einem Tütenkleid zugeschnitten. Schneiden Sie dazu an den Längsseiten des Müllsacks oben zwei Löcher für die Arme, an der geschlossenen Seite ein Loch für den Kopf. Aus den bunten Krepppapieren fertigen Sie viele »Schuppen« – Quadrate von etwa 5 x 5 cm Größe oder Ovale –, die dicht auf das Müllsack-Kleid geklebt werden. Will man sich als Goldfisch verkleiden, nimmt man natürlich ausschließlich gelbes Krepppapier.

Seeteufel

Material
- Rote Strumpfhose
- Roter Pulli oder T-Shirt
- Rote Gesichts-schminke
- Schwarze Karne-valsschminke (für Lippen und Augen-umrandung)
- Rotes Haarspray

So wird's gemacht

Diese Verkleidung ist schnell gemacht und äußerst wirkungsvoll. Rote Kleidung – siehe Materialliste – ein rot-schwarz geschminktes Gesicht, rote Haare, und der Seeteufel ist schon fertig.

Tipp: Ganz ähnlich und genauso schnell zaubern Sie eine Verkleidung zum Wassermann: einfach nur die gesamte Seeteufel-Materialliste in Blau zusammenstellen.

Taucher

Material
- Schwarze enge Gymnastikhose
- Schwarzer eng anliegender Pulli
- Taucherbrille
- Schwimmflossen
- Schnorchel
- Gummistiefel

So wird's gemacht
Das Kostüm für den Taucher ist blitzschnell fertig. Die wichtigsten Utensilien sind fraglos eine schwarze Montur von Kopf bis Fuß aus Gymnastikhose und T-Shirt oder Pulli, Taucherbrille und Flossen, vielleicht noch ein Schnorchel. Da es sich mit Flossen mehr schlecht als recht marschieren lässt und sie zudem eine Stolperfalle darstellen, sollten Sie Ihrem Taucher daher lieber ein Paar Gummistiefel an die Füße geben.
Selbstverständlich können die Flossen als »Deko« unterm Arm mitgenommen werden.

Unterwasserspiele

Wir säubern den Meeresgrund

Spielerzahl
- Beliebig, Zweiergruppen

Material
- 2 Taucherbrillen
- Schwarzer Karton
- Schere
- Klebefilm
- Muscheln
- Plastikfische und andere Schwimmtiere
- Unrat wie: Gläser, Schuhe, Löffel, Eimer usw.
- Kreppklebeband

Spielablauf
Verkleben Sie die Gläser der beiden Taucherbrillen mit schwarzem Karton. Schneiden Sie allerdings vorher ein winziges Loch in den Karton, damit die Kinder trotz »Verdunklung« noch etwas sehen können.
Verteilen Sie Muscheln, Plastikfische, Schwimmtiere und den »Unrat« auf dem Boden. Markieren Sie mit dem Kreppklebeband eine Startlinie.
Zwei Kinder bilden das erste Taucherteam. Nach dem Startkommando setzen die Spieler die Taucherbrille auf, kriechen über den Boden und müssen nun ausschließlich durch Tasten und Fühlen alle die Dinge einsammeln, die nicht auf den Meeresgrund gehören.

Seeigel fangen

Spielerzahl
- Beliebig

Material
- Hellbrauner Karton
- Schere
- Strohhalme

Spielablauf

Schneiden Sie aus dem hellbraunen Karton mindestens doppelt so viele 5 cm große, kreisrunde Seeigel, wie Mitspieler vorhanden sind. Verteilen Sie die Seeigel auf dem Meeresboden.
Jedes Kind bekommt einen Strohhalm, saugt einen Seeigel an und bringt ihn an das Meeresufer. Das Spiel ist beendet, wenn auf dem Meeresboden keine Seeigel mehr liegen.

Muscheln sammeln

Spielerzahl
- Beliebig, Zweiergruppen

Material
- Viele Muscheln oder Steine
- Kreppklebeband
- 2 Eimer
- 2 Paar Schwimmflossen oder größere Gummistiefel
- Stoppuhr

Spielablauf

Die Muscheln oder Steine werden auf dem Meeresboden verteilt. Kennzeichnen Sie auf dem Boden mit Kreppklebeband eine Startlinie. Die beiden Spieler ziehen Schwimmflossen oder größere Gummistiefel an, erhalten einen Eimer und sammeln nun auf Kommando (»Achtung, fertig, los!«) alle Muscheln und Steine ein. Wer hat nach einer bestimmten Zeit (Stoppuhr!) die meisten Muscheln oder Steine gesammelt?

Fische fangen

Spielerzahl
- Beliebig

Material
- Verschiedenfarbiges Tonpapier
- Schere

Spielablauf

Schneiden Sie aus dem Tonpapier Fische aus, die Sie im Raum auf dem »Meeresboden« verteilen. Die Kinder sind nun Angler und wollen Fische fangen. Sobald Sie eine Farbe rufen, holen die Kinder schnell einen Fisch dieser Farbe vom Meeresboden. Alle spielen so lange mit, bis kein Fisch mehr auf dem Boden liegt. Wer hat die meisten Fische gefangen?

Hai in Sicht

Spielerzahl
- Beliebig

Material
- Decke
- 2 Topfdeckel
- Musik

Achtung
- Bei glattem Boden kann die Decke wegrutschen! Bestimmen Sie dann besser ein etwa 2 x 2 m großes Quadrat – mit Kreppklebeband auf dem Fußboden gekennzeichnet – als »Rettungsinsel«.

Spielablauf
Breiten Sie die Decke in der Raummitte aus. Die Kinder (Fische) tanzen bzw. schwimmen nach Musik im Raum (Meer) umher. Ein Kind spielt den Hai, es steht am Rand des Meeres. Sobald Sie die beiden Topfdeckel zusammenschlagen, versucht der Hai, einen Fisch zu fressen. Die Fische bringen sich auf der Decke in Sicherheit.

Schatzsuche

Spielerzahl
- Beliebig, Zweier- oder Dreiergurppen

Material
- Große Wanne, mit Sand gefüllt
- Verschiedene Schätze wie beispielsweise: Tasse, Löffel, Spielauto, dicker Stein, Spieltier, kleine Bälle usw.

Spielablauf

Verstecken Sie alle »Schätze« in der mit Sand gefüllten Wanne. Zwei oder drei Kinder hocken sich um die Wanne. Rufen Sie nun einen der im Sand versteckten Gegenstände, zum Beispiel: »Tasse!« Sofort wühlen die Kinder so lange im Sand, bis eines den betreffenden Gegenstand gefunden hat. Dann wird ein neuer Gegenstand aufgerufen und es darf neu gewühlt werden.
Wer hat die meisten Schätze gefunden?

Fischwettessen

Spielerzahl
- Beliebig

Material
- Je Kind 1 Teller
- Reichlich Knabberfische (Salzgebäck)

Spielablauf

Jedes Kind hat einen Teller mit ca. 10 Knabberfischen vor sich stehen. Mit den Händen auf dem Rücken und auf Kommando essen sie die Fische auf. Wer ist der schnellste Fischesser?

Perlentaucher

Spielerzahl
- Beliebig, Zweiergruppen

Material
- Viele Tennis- und Tischtennisbälle
- 2 Eimer
- 2 verdunkelte Taucherbrillen

Spielablauf

Verteilen Sie die Tennis- bzw. Tischtennisbälle auf dem Boden. Zwei Kinder – das erste Spielerpaar – setzen eine verdunkelte Taucherbrille auf (Anleitung siehe Seite 71) und krabbeln mit je einem Eimer in der Hand über den Boden. Dabei suchen sie nach Perlen (Bälle) und legen diese in ihren Eimer. Wenn sie keine Perlen mehr finden, haben sie ihre Arbeit getan.
Wer hat die meisten Perlen gefunden?

Tanz der Feuerquallen

Spielerzahl
- Beliebig

Material
- 10 rote Luftballons
- Krepppapier in verschiedenen Rottönen
- Schere
- Klebefilm
- Dicker schwarzer Filzstift
- Blauer Müllsack
- Beschwingte Musik

Spielablauf
Blasen Sie die Luftballons auf. Schneiden Sie aus dem Krepppapier etwa 5 cm breite und 30 cm lange Streifen, von denen Sie bis zu acht mit etwas Klebefilm an den Luftballons befestigen. Jetzt werden mit Filzstift den Feuerquallen noch Gesichter aufgemalt. Schneiden Sie nun den Müllsack vorsichtig auseinander.
Die Kinder fassen den aufgeschnittenen Müllsack mit den Händen, legen die Ballons darauf und lassen die Quallen nach beschwingter Musik in dem Meer (auf der Folie) tanzen. Die Quallen, die von dem Tuch fallen, scheiden aus. Welche Qualle tanzt am längsten?

Mitmachgeschichte

Blibb und Blabb

Spielhinweis

Die Kinder werden in zwei Gruppen (Blibb und Blabb) aufgeteilt. Bei dem Wort **Blibb** stehen die entsprechenden Kinder auf, sagen leise »Blibb« und setzen sich wieder. Bei dem Wort **Blabb** stehen die anderen Kinder auf, sagen leise »Blabb« und setzen sich.

Die Geschichte

Es war einmal ein kleiner Fisch. Der hieß **Blibb**. Der schwamm Tag für Tag zwischen den Korallenriffen herum und war auf der Suche nach frischen Algen. Während seine Freunde spielten, um die Wette schwammen und tief in den Unterwasserhöhlen auf Schatzsuche gingen, hatte **Blibb** nichts anderes zu tun, als zu fressen. **Blibb** fraß von morgens bis abends, und das Tag für Tag, immer nur frische grüne Algen. Da **Blibb** mit dem Fressen nicht aufhören konnte, wurde er von Tag zu Tag dicker. Weil **Blibb** so furchtbar dick war, kam er nur noch ganz langsam von der Stelle und konnte gar nicht mehr schnell schwimmen. Eines Tages, als **Blibb** wieder einmal damit beschäftigt war, nach frischen Algen zu suchen, blieb **Blibb** in einer Felsspalte hängen. Sein Bauch war so dick geworden, dass er nicht mehr vor- und auch nicht mehr zurückkam. Oh weh, **Blibb** saß fest. Er zappelte und zappelte, doch **Blibb** kam nicht mehr von der Stelle. **Blibb** stöhnte und pustete und machte um sich herum ganz viele Blasen. Das sah ein anderer Fisch. Der schwamm sofort dort hin. Er sah den festgeklemmten Fisch und sagte: »Guten Tag, ich heiße **Blabb.** Kann ich dir vielleicht helfen?« »Das wäre nett«, sagte **Blibb.** »Schieb mich bitte von hinten. Dann komme ich bestimmt hier raus.« **Blabb** schwamm an das Ende von **Blibb** und schob mit aller Kraft. Doch **Blibb** rührte sich nicht. »Versuch es bitte mal von vorne, vielleicht geht das«, sagte **Blibb. Blabb** schwamm nach vorne und zog mit aller Kraft. Doch auch jetzt rührte **Blibb** sich nicht. **Blabb** gab

aber nicht auf. Er schwamm wieder nach hinten und jetzt zog er, so fest er nur konnte. Mit einem Mal bewegte sich **Blibb** ein wenig. **Blabb** zog noch einmal und plötzlich war **Blibb** frei. **Blibb** war froh und bedankte sich bei **Blabb.** »Bleib doch bei mir«, sagte **Blibb,** »dann können wir zusammen nach frischen Algen suchen.« »Das ist eine gute Idee«, antwortete **Blabb,** »aber schwimmen müssen wir auch.« »Na klar«, sagte **Blibb,** »denn ich will auch wieder so schlank werden wie du.« **Blibb** und **Blabb** hielten sich an ihren Flossen fest und waren bald im Meer verschwunden.

Rezepte – Leckeres aus dem Meer

Blitzrezept –Tunfisch-Mais-Salat

Zutaten *für 4 Personen*
- 1 Dose Tunfisch in Öl
- 1 Dose Mais
- Baguette

Zubereitung
Den Mais abschütten, in eine Salatschüssel geben und den Tunfisch mit dem Öl untermengen. Dazu schmeckt frisches Baguette.

Aufgespießte Fische

Zutaten *für 4 Personen*
- 500 g frischer Gouda am Stück
- 1–2 Ausstechförmchen in Fischgestalt
- 1 Glas Gurken
- 4 Radieschen
- 4 lange oder 8 kurze Schaschlikspieße

Zubereitung
Den Käse in fingerdicke Scheiben schneiden und mit den Förmchen kleine Fische ausstechen. Die Gurken abtropfen lassen. Gurken und Radieschen in etwa 0,5 cm dicke Scheiben schneiden. Nun Käse, Gurken und Radieschen abwechselnd auf die Spieße schieben.

Geröstete Salamifische

Zutaten *für 4 Personen*
- 1 Toastbrot
- 250 g Butter
- 200 g Salami
- 4 Radieschen
- 1 Möhre

Zubereitung
Aus einer Scheibe Toastbrot mit einem scharfen Messer je eine Fischform schneiden. Den »Fisch« toasten und dünn mit Butter bestreichen. Die Salami in nicht zu dicke Scheiben schneiden und die Fische damit schuppenartig belegen. Als Auge ein Radieschen halbieren, ein Streifen Möhre ist das Maul.

Der gestrandete Brotfisch

Zutaten *für 4 Personen*
- 1 Baguette
- Margarine oder Butter
- 125 g Käseaufschnitt
- 125 g Wurstaufschnitt
- 1 Kopfsalat
- 1 Bund Radieschen
- 1 Glas Gurken
- 6 Cocktailtomaten

Material
für die Variation
- 1 Glasplatte
- 1 Briefumschlag mit der Suchaufgabe
- Mit Goldpapier beklebter Schuhkarton
- Je Kind 1 Seifenmuschel oder ähnliche kleine »Schätze«

Zubereitung
Das Baguette in 1,5 cm dicke Scheiben schneiden, mit Margarine oder Butter bestreichen und nach Wahl mit Käse oder Wurst belegen. Den Salat zerpflücken und mit den Blättern ein Salatbett auf einem Tablett bereiten. Darauf die Brote dekorativ zu einem Fisch zusammenlegen. Radieschen, Gurken und Cocktailtomaten als Dekoration verwenden.

Variation : Ran an den Fisch
Legen Sie auf eine große Glasplatte die Salatblätter und darauf den Briefumschlag mit dem Aufgabenzettel. Nun arrangieren Sie mit den Broten auf dem Salatblatt und dem Aufgabenzettel einen großen Brotfisch. Nachdem die Kinder die Brote gegessen haben, finden sie den Aufgabenzettel mit einer Aufgabe (Beispiel): »Geht bitte noch einmal auf Schatzsuche. Hier im Raum ist eine Schatztruhe versteckt. Sucht sie, öffnet sie und ihr werdet erstaunt sein.« In einem mit Goldpapier beklebten Schuhkarton befindet sich für jedes Kind ein kleines Geschenk – zum Beispiel eine Seifenmuschel. Ist die Schatztruhe geborgen, werden die Brote auf dem Salat zu einem Fisch angerichtet, und gemeinsam geht es dann »ran an den Fisch«.

Karneval in Schneemannshausen

Alter:
- Ab 5 Jahren

Ort:
- Partyraum, leerer Kellerraum, großer Flur

Auch wenn in der Karnevalszeit draußen meist kein Schnee liegt, ist das Thema »Schneemannshausen« eine Party, die eine Menge gar nicht so kühlen Spaß bereiten kann. Da die Hauptdekorationsfarbe Weiß ist und Sie bestimmt einige alte weiße Betttücher sammeln können, lässt sich zum Beispiel ein Flur einfach und ohne viel Aufwand in eine Schneelandschaft verwandeln. Schneeballschlachten, Rodelpartien und Gletscherfahrten mit Schneemännern und Schneefrauen im Kellerraum? Hier finden Sie die entsprechenden Ideen und Anleitungen, und wenn dann auch noch die Speisen auf dieses Thema abgestimmt sind, so ist man schnell – nicht nur gedanklich – in Schneemannshausen.

Einladungskarten

Der eingepackte Schneeball

Material
- Je Einladungskarte 1 weißes DIN-A4-Papier
- Filzstifte
- Rotes Schleifenband
- Schere

So wird's gemacht

Malen Sie – oder Ihre Kinder – ein schönes Winterbild auf die Vorderseite der späteren Einladungskarte. Auf die Rückseite schreiben Sie den Einladungstext mit allen wichtigen Hinweisen. Nun knüllen Sie das Blatt zu einem Ball zusammen und packen ihn mit rotem Schleifenband ein – fertig ist eine originelle Schneeballeinladung. Je größer das Blatt ist, um so dicker wird natürlich der Schneeball.

Der Schneehase lädt ein

Material
- Weißer Karton DIN A4
- Filzstifte
- Schere
- Lange Besenhaare
- Klebefilm
- Watte
- Allzweckkleber

So wird's gemacht

Falten Sie den Karton einmal in der Mitte zu einer Klappkarte zusammen. Zeichnen Sie darauf, in der Größe der gesamten Fläche, einen Kreis – dies wird der Kopf des Schneehasen. Schneiden Sie ihn so aus, dass ein Stück der Falzkante bestehen bleibt. Aus den Schnittresten gestalten Sie lange Hasenohren und kleben diese oben direkt neben der Falzkante auf die Rückseite der Klappkarte.

Malen Sie als Nächstes mit Filzstift ein Hasengesicht auf die Vorderseite. Als Bart können Sie beispielsweise Besenhaare mit etwas Klebefilm befestigen. Bekleben Sie dann das Gesicht mit reichlich Watte – Augen, Nase und Bart sollten aber noch zu sehen sein. Auf die Innenseite der Karte können nun alle Informationen geschrieben werden, die für die Teilnahme an der Feier wichtig sind.

Eine watteweiche Einladung

Material
- Weiße Doppelkarte
- Filzstift
- Allzweckkleber
- Weiße Watte

So wird's gemacht

Bekleben Sie die Vorderseite der Doppelkarte dick mit der Watte. Innen schreiben Sie den Einladungsvers hinein.

Einladungsvers

Hurra, hurra, es ist so weit,
es wird gefeiert, weit und breit.
Ich lad' zum Schneemannsfest heut' ein,
auch du sollst bei der Feier sein.
Wir wollen spielen, singen, lachen
und auch sonst noch vieles machen.
So ein Fest, du wirst es sehn,
das wird ganz bestimmt sehr schön.
Doch willst du auf der Feier sein,
dann musst du jemand andrer sein.
Ob Schneefrau, -hase oder -mann,
komm verkleidet bei uns an.
Dann lasse ich dich gern herein,
dann sollst du mein Gast heut' sein.
Ich habe mir etwas ausgedacht,
das dir bestimmt viel Freude macht.
Mehr erzähl' ich dir um drei,
wenn du kommst bei mir vorbei.

Die Schneeballgirlande

Material
- 3 Bögen weißen Kartons (DIN A3)
- Filzstifte
- Schere
- Nylonfaden

So wird's gemacht

Schneiden Sie aus der gesamten Kartonlänge einen 10 cm breiten Streifen und falten Sie ihn ziehharmonikaartig zusammen (8 x 8 cm). Zeichnen Sie einen großen Kreis auf den gefalteten Streifen, der Kreis muss beide Falzkanten berühren bzw. etwas darüber hinausragen. Wenn Sie nun den Kreis so ausschneiden, dass die Falzkanten bestehen bleiben, können Sie den gefalteten Papierstreifen wie eine Girlande auseinanderziehen, und alle Schneebälle hängen aneinander. Legen Sie die auseinander gefaltete Schneeballgirlande senkrecht vor sich hin, und schreiben Sie dann den Einladungstext von oben nach unten auf die einzelnen Schneebälle. An Nylonfäden aufgehängt, ergeben solche Schneeballgirlanden außerdem einen netten Raumschmuck.

Variation

Statt eines Schneeballs zeichnen und gestalten Sie einen Schneemann. Hier werden die Einladungsinformationen dann allerdings so geschrieben, dass die Girlande später waagerecht aufgehängt werden könnte.

Verkleidungen

Schneemann – Schneefrau – Schneehase

Material

für das Grundkostüm

- Weißer Bettbezug
- Farbige Schneiderkreide
- Dicker Filzstift
- Schere
- Stecknadeln
- Nähmaschine
- Nähgarn
- 1 Rolle Hutgummi
- Sicherheitsnadel

So wird's gemacht

Das Grundkostüm: Nähen Sie aus einem ausrangierten weißen Bettbezug einen Overall. Für das Schnittmuster legt sich das jeweilige Kind auf den Bezug, die Beine locker gespreizt, die Arme waagerecht ausgebreitet. Zeichnen Sie nun mit farbiger Schneiderkreide (oder mit einem dicken Filzstift) die Körperumrisse mit einem Abstand von gut 10 cm zum Kind auf den Stoff. Schneiden Sie die Vorlage aus, heften Sie sie mit Stecknadeln zusammen und steppen Sie dann Schulter-, Arm- und Beinnähte des Overalls etwa 1 cm von der Schnittkante entfernt zusammen. Schlagen Sie die Kanten von Halsausschnitt, Ärmel- und Hosenbeinlöchern 1 bis 1,5 cm nach innen. Steppen Sie diese so um, dass überall noch Hutgummi zum Kräuseln mit einer Sicherheitsnadel durchgezogen werden kann.

Zusätzlich für den Schneemann
- Schwarzer Filz
- Allzweckkleber
- Zylinder
- Weiße Karnevals-schminke

Schneemann. Für den Schneemann schneiden Sie mehrere große »Knöpfe« aus Filz zu, die mit ein paar Stichen vorne auf den Anzug genäht oder mit etwas Allzweckkleber aufgeklebt werden. Einen Zylinder und weiße Schminke gibt es in der Karnevalszeit überall zu kaufen. Fertig ist der weiße Mann.

Zusätzlich für die Schneefrau
- Kariertes Kopftuch
- Weiße Karnevals-schminke

Schneefrau: Für die Schneefrau brauchen Sie neben dem Overall lediglich noch ein möglichst kariertes Kopftuch.

Zusätzlich für den Schneehasen

- Weißer Karton
- Tacker
- Weiße und braune Karnevalsschminke

Schneehase: Ein Schneehase braucht natürlich lange Hasenohren und ein richtiges Hasengesicht. Für die Hasenohren schneiden Sie aus dem Karton einen etwa 5 cm breiten langen Streifen, den Sie der Kopfgröße des Kindes entsprechend zusammentackern. Aus dem Rest des Kartons basteln Sie zwei lange Hasenohren, die – einer rechts und einer links – am Kopfstreifen festgetackert werden. Das Hasengesicht wird mit der Karnevalsschminke gezaubert, die Ohren aufgesetzt – und fertig ist der Schneehase.

Dekorationen

Ein leerer Keller, Partyraum oder sogar die Wohnung sind schnell in eine Schneelandschaft verwandelt. Sammeln Sie weiße Tücher. Diese können überall aufgehängt werden, und schon ist eine winterliche Atmosphäre hergestellt.

Weiße Höhlen ohne Schnee

Material

- Mehrere weiße Tücher (Betttücher, Tischdecken usw.)
- Tische
- Stühle
- Leitern
- Bunte Luftballons
- Bunte Girlanden

So wird's gemacht

Weiße Höhlen – Iglus – sind schnell gebaut: Hängen Sie einfach weiße Tücher – am besten bodenlang – über Tische, Stühle oder Haushaltsleitern. Damit es trotzdem karnevalistisch aussieht, werden aber auch in Schneemannshausen bunte Luftballons und Girlanden aufgehängt.

Schneebälle und Schneefäden aus Papier

Material

- Weißes Papier
- Schere
- Nylonfaden
- Klebefilm
- Weißes und hellblaues Krepppapier
- Weiße und hellblaue Luftballons
- Weiße Wattebäusche

So wird's gemacht

Schneiden Sie aus dem weißen Papier viele kleine und große Schneebälle, die an Nylonfäden – mit etwas Klebeband am Papier befestigen – aufgehängt werden können. Aus dem Krepppapier schneiden Sie lange, schmale Streifen (etwa 2 cm breit), die Sie mit etwas Klebefilm zwischen die Schneebälle hängen können. Zusätzlich noch weiße und hellblaue Luftballons oder auf Nylonfäden aufgefädelte weiße Wattebäusche und die winterliche Dekoration ist komplett.

Männer, so weiß wie Schnee

Material
- Weißes Tonpapier
- Bleistift
- Schere
- Allzweckkleber
- Schwarzes Tonpapier
- Wachsstifte

So wird's gemacht

Schneiden Sie aus dem weißen Papier große Kreise. Jeweils zwei große Kreise – Kopf und Bauch eines Schneemannes – kleben Sie knapp überlappend aneinander.
Aus dem schwarzen Papier fertigen Sie Zylinder, die auf die Köpfe der Schneemänner geklebt werden. Die Köpfe bekommen noch mit Wachsstiften Augen, Nase und Mund sowie ein paar dicke Knöpfe auf die Bäuche gemalt.

Spiele über Spiele

Schneegespenster auf der Suche nach ihrem Zuhause

Spielerzahl
- Beliebig

Material
- Mehrere ausrangierte weiße Betttücher
- Schere
- Putzeimer
- Holzlöffel

Spielablauf

Schneiden Sie die Betttücher in etwa 1 x 1 m große Stücke.
Diese Tücher werden nun den Kindern über den Kopf gehängt. Schneiden Sie mit einer Schere vorsichtig, in Augenhöhe des Kindes, zwei winzig kleine Löcher, durch die es nur ganz wenig sehen kann. Jetzt sind alle Kinder Schneegespenster.
Die Schneegespenster stehen in Schneemannshausen und haben sich verlaufen. Trommeln Sie mit dem Holzlöffel auf den Putzeimer – die Schneegespenster hören die Trommel und gehen auf sie zu. Wenn alle Kinder direkt vor dem Trommler stehen, ist das Spiel beendet.

Variation

Der Trommler wechselt seinen Standort, und die Schneegespenster müssen sich immer wieder neu orientieren. Zum Schluss aber bleibt der Trommler stehen, und die Schneegespenster gehen wieder auf den Trommelschlag zu.

Spielerzahl
- Beliebig

Material
- 6 leere Plastikflaschen
- Tisch
- Kreppklebeband
- Zeitungspapier

Schneeballschlacht auf Flaschen

Spielablauf
Stellen Sie die Plastikflaschen nebeneinander auf einen Tisch. Markieren Sie mit etwas Kreppklebeband eine Wurflinie. Die Kinder knüllen aus Zeitungspapier etwas verschmutzte Schneebälle und versuchen nun, nacheinander von der Wurflinie ab, die Flaschen umzuwerfen. (Es können zum Werfen auch Tennisbälle genommen werden.)

Variation
Jedes Kind hat drei Würfe hintereinander und versucht damit, alle Flaschen umzuwerfen.

Schneehasenwettspringen

Spielerzahl
- Beliebig, 2 Gruppen

Material
- Kreppklebeband
- Je Spieler 1 Hasenohrenpaar aus Karton (siehe Seite 86)
- 2 Hüpfbälle

Spielablauf
Markieren Sie mit Kreppklebeband zwei Hüpfbahnen mit je einer Start- und einer Wendelinie. Teilen Sie die Kinder in zwei Gruppen ein, von denen eine Hälfte an der Startlinie steht, der andere Teil der Mannschaft gegenüber an der Wendelinie. Alle Spieler bekommen Hasenohren aufgesetzt. Die Startspieler setzen sich auf ihren Hüpfball. Auf ein Zeichen hüpft das erste Paar zur anderen Seite. Schnell wird gewechselt und das nächste Paar hüpft wieder zum Start. Dort wird wieder gewechselt und das nächste Paar hüpft wieder zur anderen Seite usw. Das Spiel ist beendet, wenn alle einmal gehüpft sind. Welche Hasengruppe hüpft am schnellsten?

Schneemann sucht Schneefrau

Spielerzahl
- Beliebig, 3 Zweiergruppen

Material
- Je Kind 1 weißes Tuch mit 2 kleinen Gucklöchern (siehe auch Seite 88)
- 2 Kochlöffel
- 2 Topfdeckel
- 2 Suppenlöffel

Spielablauf
Die Kinder bilden Paare. Ein Kind ist Schneefrau, das andere Kind ist Schneemann. Jedes Paar nimmt entweder zwei Kochlöffel, zwei Topfdeckel oder zwei Suppenlöffel. Hängen Sie jedem der Spieler ein mit zwei winzigen Gucklöchern vorbereitetes Tuch über den Kopf und verteilen Sie die Kinder im Raum. Haben alle ihren Platz eingenommen, rufen Sie: »Achtung, fertig, los.« Nun erzeugen alle mit ihren Utensilien Geräusche und versuchen auf diese Weise, den richtigen Partner zu finden.

Schneehasen auf der Suche nach Futter

Spielerzahl
- Beliebig, Zweiergruppen

Material
- Viele saubere Möhren
- 2 Augenbinden
- 2 Körbe

Spielablauf
Verteilen Sie die Möhren, gut erreichbar, im ganzen Raum. Je zwei Schneehasen werden die Augen verbunden. Auf Kommando nehmen sie ihren Korb, krabbeln los und sammeln Möhren ein. Wer hat die meisten Möhren im Korb?

Schneehasen jagen

Spielerzahl
- Beliebig, Zweiergruppen

Material
- 1 Paar Hasenohren aus Karton (Schlappohren, d.h. die Hasenohren werden nach unten geknickt)
- Glöckchen
- 2 schwarze Tücher, in die 2 ganz kleine Löcher geschnitten wurden

Spielablauf
Ein Kind spielt den Schneehasen. Er hat sich im Dunkeln verlaufen. Weil man im Schnee als Schneehase nicht so gut gesehen wird, tragen in Schneemannshausen alle Schneehasen eine Glocke um den Hals. Das Kind, welches den Schneehasen spielt, bekommt daher die Glocke in die Hand. Weil es Nacht ist, erhält es außerdem noch das schwarze Tuch so über den Kopf gehängt, dass es ein wenig durch die kleinen Löcher sehen kann. Ein zweites Kind, ein Schneemann, sucht den Hasen. Es bekommt ebenfalls ein Tuch über den Kopf. Nun ruft der Schneemann so lange, bis er den Hasen gefunden hat: »Schneehase, wo bist du?« Als Anwort klingelt der Hase mit dem Glöckchen – und auf diese Weise finden sie sich schließlich.

Rätsel, Reime und Lieder

Rätsel und Reime für kluge Schneemänner

Zwischendurch einmal ausruhen und lustige Rätsel lösen macht nicht nur Spaß, sondern gibt allen wieder den nötigen kühlen Kopf. Die folgenden Rätsel sind leicht und können von allen zusammen gelöst werden.

Was ist das?

Sie fliegen leise heut vom Himmel,
es ist ein wunderbar' Gewimmel.
Sie decken sanft die Erde zu,
die Blumen haben ihre Ruh.
(Schneeflocken)

Sie hängen spitz vom Dach herunter,
Tropfen fallen leise runter.
Sie verzaubern jedes Haus,
sie sehn wie Zuckerstangen aus.
(Eiszapfen)

Im Garten steht er, er ist schön,
doch leider kann er gar nicht gehn.
Er ist weiß, trägt einen Hut,
die Möhrennase steht ihm gut.
Er mag die warme Sonne nicht,
dann hat er Tränen im Gesicht.
(Schneemann)

Eine eiskalte Reimgeschichte

- Das letzte Wort in der zweiten Zeile von den Kindern einsetzen lassen!

Heute Nacht hat es geschneit,
darüber hab' ich mich ge ... *(freut)*.

Ich hol' den Schlitten, ach wie schön,
denn heute will ich rodeln ... *(geh'n)*.

Wie ein Blitz, so saus' ich munter
einen steilen Berg ... *(hinunter)*.

Auf und ab den ganzen Tag,
den weißen Schnee ich gerne ... *(mag)*.

Abends gehe ich nach Haus,
doch morgen geht es wieder ...*(raus)*.

Spiellieder

Melodie
- Wer will fleißige Handwerker sehn

Wer will lustige Schneemänner sehn

Wer will lustige Schneemänner sehn,
der muss zum Narrenfest heut gehn.
Dreh dich schnell, dreh dich schnell, immer auf derselben Stell,
dreh dich schnell , dreh dich schnell, immer auf derselben Stell.
... Stampfe schnell ...
... springe schnell ...
... tanze schnell ...

Lassen Sie die Kinder weitere Strophen erfinden.

Mitmachgeschichte

Ein abenteuerlicher Schneeausflug

Material
- Je Kind 2 Kaffeelöffel

Spielhinweis

Jedes Kind bekommt zwei Kaffeelöffel. Bei allen Worten, in denen das Wort **Schnee** vorkommt, schlagen die Kinder die Löffel zusammen.

Die Geschichte

Es ist ein kalter Tag, und seit Stunden schneit es in **Schnee**manns-hausen. Da hat Familie **Schnee**fall eine Idee. Heute wollen sie eine **Schnee**wanderung machen. Warm eingepackt, marschieren sie los. Voran geht der **Schnee**mann, denn er kennt sich hier gut aus. Hinterher gehen seine beiden **Schnee**kinder, und den Schluss bildet die **Schnee**frau. Der Weg führt vorbei an **schnee**bedeckten Wäldern und **schnee**bedeckten Feldern. Bei jedem Schritt, den sie machen, sacken sie tief ein. Es ist schwer, durch so tiefen **Schnee** zu gehen. Nach einem langen Marsch kommen sie zu einer Höhle. **Schnee**mann geht hinein, um nachzusehen, ob sie bewohnt ist. Nach einer Weile kommt er heraus und sagt: »Die Höhle ist nicht bewohnt. Wir können uns hier aufwärmen und unsere Brote essen.« Gerade als **Schnee**mann, **Schnee**frau und die beiden **Schnee**kinder Platz genommen und ihre Brote ausgepackt haben, hören sie ein lautes Brüllen. Es kommt tief aus der Höhle. **Schnee**mann, **Schnee**frau und die **Schnee**kinder lassen vor Schreck ihre Brote fallen und laufen, so schnell sie nur können, aus der Höhle. Sie laufen durch das **Schnee**treiben und schauen sich gar nicht um. Sie laufen und laufen immer geradeaus. Zum Glück erkennen sie noch ihre Spuren und finden ganz schnell nach Hause. Zu Hause angekommen, schließen sie hinter sich die Tür. **Schnee**mann, **Schnee**frau und beide **Schnee**kinder drücken ihre Nasen an die Fensterscheiben und schauen hinaus. Doch sie sehen nur den **Schnee** und sonst nichts. Wer in der Höhle gebrüllt hat, das können sie nur raten. Ihr auch?

Auflösung
- (Kinder raten, wer gebrüllt hat. Jede Antwort kann richtig sein, denn niemand hat jemals jemanden gesehen.)

Rezepte – Wärmende Suppen und Getränke

Die meisten Kinder mögen Suppen. Eine Linsensuppe, Erbsensuppe oder eine Gulaschsuppe wärmt von innen wieder richtig auf.

Gulaschsuppe

Zutaten *für 6 Personen*

- 400 g mageres Gulasch
- Mehl
- Olivenöl
- Salz
- Pfeffer
- 1 Zwiebel
- 2 Möhren
- 4 Kartoffeln
- 100 g tiefgefrorene Erbsen
- 1 Dose geschälte Tomaten
- 1 Brühwürfel
- 1 Lorbeerblatt
- 1/2 l Wasser
- 1/2 Bund Petersilie
- Frisches Baguette

Zubereitung

Die Zwiebel schälen und in kleine Würfel schneiden.
Das Fleisch eventuell nochmals kleiner schneiden und in Mehl wälzen. Etwas Öl in einen Bräter geben, das Fleisch darin scharf anbraten und mit Salz und Pfeffer würzen. Dann die klein geschnittene Zwiebel dazugeben und ebenfalls anbraten.
Die geschälten Tomaten abgießen. Die Tomaten, den Brühwürfel und das Lorbeerblatt zum Fleisch geben und unter ständigem Rühren 2 Minuten schmoren. Mit dem Wasser ablöschen und alles 30 Minuten köcheln lassen.
In der Zwischenzeit die Kartoffeln und die Möhren schälen und in kleine Würfel schneiden. Nach den 30 Minuten die Gemüsewürfel zur Suppe geben und alles nochmals 10 Minuten köcheln lassen.
Zum Schluss die Erbsen zugeben, das Gulasch nochmals 2 Minuten kochen. Würzen Sie mit Salz und Pfeffer und streuen Sie abschließend klein gehackte Petersilie darüber. Dazu frisches Baguette reichen.

Apfelsaftpunsch mit einer eiskalten Überraschung

Zutaten *für 6 Personen*
- 3 Flaschen Apfelsaft
- 1–1,5 l Holundertee
- Gummibärchen-Eiswürfel

Zubereitung

Erwärmen Sie Apfelsaft und Holundertee. Miteinander zu gleichen Teilen gemischt, erhalten Sie einen schmackhaften Kinderpunsch.

Für die eiskalte Überraschung legen Sie je ein Gummibärchen in die entsprechenden Vertiefungen einer Eiswürfelschale. Füllen Sie die Schale mit Wasser auf und stellen Sie sie über Nacht in das Gefrierfach. Wem der Kinderpunsch zu heiß ist, kann ihn dann mit diesen ganz besonderen Eiswürfeln kühlen und gleichzeitig die Gummibärchen aus ihrem »Packeis« befreien.

Vitaminpunsch

Zutaten *für 6 Personen*
- Schale 1 Zitrone
- 1 Zimtstange
- 6 Nelken
- 1 EL Honig
- 1 Prise Muskat
- 250 ml Wasser
- Saft von 2 Zitronen
- Saft von 1 Orange
- 750 ml Traubensaft
- 750 ml Apfelsaft

Zubereitung

Die Zitronenschale, den Zimt, die Nelken, den Honig, Muskat und das Wasser in einen großen Topf geben und kurz aufkochen. Danach die Obstsäfte dazugeben, alles nochmals aufkochen und den Vitaminpunsch heiß servieren.

Karneval im Zirkus Rundherum

Alter:

- Ab 6 Jahren

Ort:

- Leerer Kellerraum, Garage, leeres Kinderzimmer

Haben Sie sich schon einmal ganz bewusst die glänzenden Augen Ihres Kindes angeschaut, wenn Sie mit ihm im Zirkus waren? War es dann nicht auch der Wunsch Ihres Kindes, einmal ein Zirkusdirektor, ein Clown oder eine wunderhübsche Seiltänzerin zu sein? Diesen Wunsch können Sie mit »Karneval im Zirkus Rundherum« Ihrem Kind und seinen Gästen erfüllen. Mit Girlanden und Luftballons, bunten Hosen und viel Schminke ist schnell Zirkusstimmung herbeigezaubert, und Sie werden sehen, alle machen begeistert mit.

Einladungskarten

Clownsgesicht

Material

- Weißer Karton
- Schere
- Dicke Filzstifte
- Wolle
- Luftschlangen
- Allzweckkleber
- Klebefilm
- Krepppapier
- Tacker

So wird's gemacht

Schneiden Sie aus dem Karton für die Clownsgesichter große Kreise (Durchmesser etwa 10–15 cm). Gestalten Sie die Kreise mit den o.g. Materialien zu lustigen Clownsgesichtern: Augen, Nase und Mund malen Sie mit den bunten Filzstiften, Wollfäden oder Luftschlangen werden als Haare mit etwas Klebefilm oder Allzweckkleber fixiert. Aus dem Krepppapier können Sie noch einen Hut oder eine Mütze basteln und mit etwas Klebstoff auf den Haaren befestigen. Aus einem Kartonrest bekommt der Clown eine Fliege oder eine lange Krawatte. Diese wird unten an das Gesicht getackert. Darauf schreiben Sie alle Informationen, die für die Feier wichtig sind.

Einladungstext

Der Zirkus Rundherum ist hier,
drum rat' ich dir, kommt schnell zu mir,

Manege frei und du wirst sehn,
ein Clown zu sein, das ist sehr schön.

Artisten aus der ganzen Welt
habe ich für dich bestellt.

Doch willst du in den Zirkus rein,
dann musst du schön verkleidet sein.

Bring auch gute Laune mit,
dann wird der Tag bestimmt ein Hit.

Schlangenbeschwörer

Material

- Grüner Karton
- Stift
- Kaffeetasse
- Schere
- Allzweckkleber
- Rotes Geschenkband
- Perlen
- Nadel und Nähgarn
- Notizzettel
- Filzstift

So wird's gemacht

Zeichnen Sie mit Hilfe der Tasse Kreise auf den Karton. Schneiden Sie die Kreise aus und kleben Sie sie mit einem kleinen Abstand zueinander auf das rote Geschenkband. Lassen Sie zwischen dem ersten und zweiten Kreis ein etwas längeres Stück Band frei, das ist die Zunge der Schlange. Auf den ersten Kreis nähen Sie die Perlen als Wackelaugen locker auf. Nun wird alles, was für die Feier wichtig ist, auf Notizzetteln – nicht größer als die Kartonkreise – geschrieben, die Sie dann auf die Rückseite der Schlange kleben. Die Schlange legen Sie wie eine Ziehharmonika zusammen. Sobald man sie zum Lesen öffnet, entpuppt sie sich zu einer wahren Riesenschlange.

Der Zirkusdirektor lädt ein

Material

- Schwarzer Karton
- Schere
- Weiße Stifte
- Rotes Krepppapier
- Allzweckkleber

So wird's gemacht

Schneiden Sie ein Rechteck aus dem Karton und falten Sie es in der Mitte zu einer Doppelkarte. Zeichnen Sie auf die gesamte Fläche der Vorderseite einen Zylinder, dabei oben den Falz berühren, und schneiden Sie den dann aufklappbaren Zylinder aus. Aus einem schmalen Streifen des roten Krepppapiers bekommt der Zylinder vorne wie hinten ein Schmuckband geklebt. Innen schreiben Sie mit weißen Malstiften alles, was für das Fest wichtig ist.

Dekorationen

Ein Zelt aus allerlei Girlanden

Material
- Verschiedenfarbiges Krepppapier
- Bunte Stoffreste
- Wollreste
- Doppelseitiges Klebeband (ablösbar)
- Bunte Luftballons
- Papierlaternen
- Lichterketten
- Hocker (alternativ: leere Bierkästen, stabile Kartons)

So wird's gemacht

Schneiden Sie aus dem Krepppapier und aus den Stoffresten lange, schmale Streifen. Aus diesen sowie aus den Wollresten werden bunte Kordeln gedreht und dann zu dicken Zöpfen geflochten. Diese Kordeln und Zöpfe werden von der Mitte aus wie ein Zelt unter der Zimmerdecke befestigt. Verwenden Sie für die Befestigung doppelseitiges Klebeband, oder vielleicht können Sie das Zirkuszelt auch an der Halterung der Deckenlampe befestigen.

Dazwischen aufgehängte Luftballons, Papierlaternen und Lichterketten geben dem Zirkusdach natürlich noch eine ganz besondere Atmosphäre. Ein Sitzkreis aus Hockern, Kartons oder Bierkästen lässt alle Kinder bequem sitzen.

Leuchtendes Zirkuszelt

Material
- Viele Lichterketten
- Doppelseitiges Klebeband (ablösbar)
- Sicherheitsnadeln

So wird's gemacht

Ähnlich wie im vorigen Vorschlag hängen Sie nun die Lichterketten als Zelt unter die Decke. Schauen Sie sich wieder im Partyraum um, ob Sie nicht vielleicht vorhandene Bilderhaken, Lampenbefestigungen oder sogar Vorhangschienen als Befestigungsmöglichkeiten für das Zirkusdach nutzen können.

Stoffzelt

Material

- Leichter durchsichtiger Gardinenstoff
- Doppelseitiges Klebeband
- Nylonfaden
- Nähnadel
- Viele bunte Luftballons

So wird's gemacht

Befestigen Sie die Gardine in der Mitte des Raumes mit Hilfe von doppelseitigem Klebeband und/oder an den Stoff genähten Nylonfäden unter der Decke. Spannen Sie die Gardine dann so zu den Wänden, dass oben auf die Gardine die Luftballons gelegt werden können. Alternativ kann auch eine Luftballontraube in die »Kuppel« gehängt werden.

Verkleidungen und Zirkusspiele

Pferdedressur und Zirkusdirektor

Spielerzahl
- Beliebig

Material
für die Pferdchen
- Weiße Strumpfhosen
- Weiße Pullis
- Hutgummi
- Bunte Bastelfedern
- Bunte Perlen
- Glöckchen
- Schere
- Nähnadeln und Nähgarn
- Braune Wolle
- Sicherheitsnadeln

für den Direktor
- Schwarzer Hut
- Schwarze Jacke
- Schwarze Hose
- Weißes Hemd
- Große bunte Fliege
- Bambusstab
- Goldpapier
- Klebefilm

So wird's gemacht
Die **Pferde** ziehen weiße Strumpfhosen und Pullis an. Aus Hutgummi, an das Sie Federn, Perlen und Glöckchen nähen und zu verschieden großen Kränzen schließen, arbeiten Sie den Kopf-, Arm- und Beinschmuck der Pferdchen. Für den Pferdeschweif schneiden Sie aus der braunen Wolle viele 30–40 cm lange Fäden, die an einem Ende zusammengeknotet und mit einer Sicherheitsnadel hinten an der Strumpfhose als Pferdeschweif befestigt werden.

Der **Zirkusdirektor** wird schwarz gekleidet (siehe Materialliste) und führt die Pferdedressur vor. Es fehlt noch seine Dressurpeitsche. Umwickeln Sie dazu den Bambusstab mit Goldpapier, an dessen oberem Ende Sie mit etwas Klebefilm einen aus langen, etwa 2 cm breiten Goldpapierstreifen gebastelten Wedel befestigen.

Vorführung
Der Direktor und einige Kinder, die sich als Pferde verkleiden, überlegen sich eine Dressur und führen sie zu beschwingter Musik, beispielsweise Rondo Veneziano, vor.

Der Muskelmann

Spielerzahl
- Beliebig

So wird's gemacht
Umwickeln Sie die Bälle, die Schuhkartons und das Stück Schlauch mit Alufolie. So wirkt das Schlauchstück wie eine Eisenstange und kann gebogen werden. Die Bälle sind natürlich

Material
- Bälle
- Schuhkartons
- Stück Schlauch
- Haushaltsalufolie
- Styroporplatte
- Luftballons
- Weite, möglichst gestreifte Pullis
- Weite schwarze Jogginghosen
- Haarspray
- Schwarzer Schminkstift

Eisenkugeln und können getragen werden, die Kartons sind Eisenblöcke und können gestapelt oder ebenfalls getragen werden. Die Styroporplatte teilen Sie eventuell in etwas kleinere Plattenstücke, sie werden später von den starken Männern und Frauen mit der bloßen Hand zerschlagen.
Blasen Sie die Luftballons auf. Gut zugeknotet werden diese als Muskeln in den Pulli und die weite Hose gesteckt. Haarspray und Schminke verwandeln jedes Kind leicht in einen Muskelmann.

Vorführung

Die Kinder, die als Muskelmann auftreten wollen, überlegen sich eine kleine Show und führen sie den anderen Kindern vor.

Clown Zippel-Zapp

Material
- Alte, etwas weite Schlafanzughose (zum Beispiel vom Papa)
- T-Shirt
- Bunte Plastiktopfschwämme
- Viele bunte Stoffreste in etwa 8 x 8 cm große Quadrate geschnitten
- Nadel und Nähgarn
- Größere alte Gummistiefel
- Schere
- Wischmopp
- Karnevalsschminke
- Luftballons

So wird's gemacht
Nähen Sie auf die Schlafanzugshose und das T-Shirt die Plastiktopfschwämme und jede Menge Stoffflicken. Für die Clownsschuhe werden die Schäfte der Gummistiefel einfach abgeschnitten, aus einem Wischmopp wird die Clownsperücke (Anleitung dazu siehe Seite 54). Karnevalsschminke verwandelt das Gesicht, und der Clown ist fertig.

Vorführung
Ein Kind oder mehrere Kinder überlegen sich lustige Gags, zum Beispiel: Purzelbaum, Handstand, Stolpern, Hampeln, Ballons quietschen lassen, sie zum Platzen bringen oder gemeinsam ein Lied singen (siehe Spiellied Seite 107).

Die Seiltänzerin

Spielerzahl
- Beliebig

Material
- Stockschirm
- Luftballons
- Nylonfaden
- Leichter Stoff (Tüll)
- Bunte Haargummis
- T-Shirt
- Weiße Strumpfhose
- Karnevalsschminke
- Lange Seile (auch Springseile) in verschiedenen Stärken

So wird's gemacht
Befestigen Sie an dem Stockschirm mit Nylonfaden viele bunte Luftballons. Aus dem Tüll nähen Sie einen Minirock und außerdem noch eine große Tüllschleife. Die Haare der kleinen Seiltänzerin werden zu vielen kleinen, abstehenden Zöpfen geflochten, die große Tüllschleife schmückt den Kopf. T-Shirt, Strumpfhose und ein schön geschminktes Gesicht machen aus jedem Mädchen eine wunderschöne Seiltänzerin

Vorführung
Ein oder mehrere Mädchen lassen sich in Seiltänzerinnen verwandeln und balancieren über auf dem Boden liegende, verschieden dicke Seile, stehen auf einem Bein, machen Sprünge, wechseln die Richtung usw. Das Gleichgewicht halten sie mit dem Luftballonschirm.

Der Drachentanz

Spielerzahl
- Beliebig

Material
- Alte Betttücher
- Nadel und Nähgarn oder Nähmaschine
- Schere
- Pappkarton (Verpackungskarton)
- Grüne Wandfarbe
- Schuhbürste ohne Stiel
- 3 Jogurtbecher
- Doppelseitiges Klebeband
- Scharfes Messer
- 2 Gummihandschuhe
- Tacker
- Spinnenbesen
- Mehrere Plastikeimer
- Mehrere Holzlöffel
- 1 mit Nägeln gefüllte Deckeldose

So wird's gemacht
Nähen Sie mehrere Betttücher an den kurzen Seiten aneinander, und schneiden Sie für die Köpfe der Kinder – etwa alle 1 – 1,5 m – Löcher hinein. Aus dem Karton entsteht der Drachenkopf. Streichen Sie ihn hierfür mit grüner Wandfarbe an. Ist die Farbe getrocknet, drehen Sie den Karton um und gestalten das Drachengesicht: Aus der Bürste – mit doppelseitigem Klebeband befestigen – wird das Maul. Für die Augen und die Nase schneiden Sie mit einem scharfen Messer drei Löcher in den Karton, sodass Sie die Jogurtbecher mit ihrer offenen Seite in den Karton schieben können. Fixieren Sie die Becher an der Kartoninnenseite mit Klebeband. In die Böden der Jogurtbecher, die die Augen werden, bohren Sie vorher noch Gucklöcher, damit der Drache auch richtig sehen kann. Die Gummihandschuhe werden als Ohren rechts und links an den Karton getackert. Der Spinnenbesen ist der Schwanz und wird am Ende der Betttücherbahn hinten durch ein Loch im Tuch gezogen. Das letzte Kind hält ihn fest.

Vorführung
Die Kinder steigen in den Drachen, das heißt, sie stecken ihre Köpfe durch die in die Tücherbahn gearbeiteten Löcher. Das erste Kind setzt den Drachenkopf auf, das letzte hält den Schwanz. Die Zuschauer bekommen je einen Eimer und einen Holzlöffel und trommeln. Der Drachen tanzt nun nach der Trommelmusik. Ein Kind hält eine mit Nägeln gefüllte Dose. Rasselt es damit, verschwindet der Drachen aus der Manege.

Spiellied

Melodie
- Vogelhochzeit

Das Mitmachlied mit Clown Zippel-Zapp

Ich bin der Clown, Herr Zippel-Zapp
(sich verbeugen)
spring munter immer auf und ab.
(auf und ab springen)
Fideralala …

Begrüße euch und freu' mich so,
(Kindern die Hand geben)
mach' euch mit meinen Späßen froh.
Fideralala …

Ich lade euch nun alle ein,
bei meiner Show dabei zu sein.
Fideralala …

Macht mit, steht auf und fangt dann
tüchtig nun zu trampeln an.
(alle stehen auf und trampeln)

Wir springen hin und auch mal her,
(hin und her springen)
das Frohsein fällt uns gar nicht schwer.
Fideralala …

In unserm Zirkus Rundherum,
da drehn sich alle Leut' herum.
(alle drehen sich einmal)
Fideralala …

Und ist der Zirkus heute aus,
dann gehen alle froh nach Haus.
(winken)
Fideralala …

Mitmachgeschichte

Es ist was los im Zirkus Rundherum

Hinweis

Bei dem Wort **Rundherum** stehen alle auf und drehen sich einmal und setzen sich wieder. Die restlichen Aktivitäten wie Klatschen, Trampeln, Pfeifen, Verbeugen usw. werden von den Kindern ausgeführt bzw. dargestellt.

Die Geschichte

Ein Zirkus ist in der Stadt. Es ist der Zirkus **Rundherum.** Die Menschen, vor allem die Kinder, freuen sich, denn ein Nachmittag in einem Zirkus ist immer etwas Besonderes. Endlich, nach drei Tagen, ist das Zirkuszelt aufgebaut, und an der Kasse können die Karten gekauft werden. Im Nu sind die Vorstellungen im Zirkus **Rundherum** ausverkauft. Als der Vorhang im Zirkus **Rundherum** aufgeht und der Zirkusdirektor die Manege betritt, sind alle aus dem Häuschen. Der Direktor wird mit einem riesigen Applaus, mit Trampeln und Pfeifen begrüßt. Der Direktor vom Zirkus **Rundherum** verneigt sich und begrüßt die Zuschauer mit einem kleinen Gedicht:

»Seid gegrüßt in meinem Zelt,
wir reisen um die ganze Welt.
Wir sind heut' hier und laden ein,
bei uns heute Gast zu sein.
Im Zirkus Rundherum ist's schön,
drum bleibt bei uns, ihr werdet's sehn,
und ist die Vorstellung dann aus,
geht ihr alle froh nach Haus.«

Wieder klatschen, trampeln und pfeifen die Zuschauer im Zirkus **Rundherum,** und dann geht es los. Es gibt viel zu sehen, Seiltänzerinnen balancieren auf einem schmalen Seil.

Gewichtheber zeigen ihre Muskeln. Löwen stolzieren fauchend durch die Manege, Clown Dicke Backe hampelt herum und viele weiße Pferde galoppieren immer im Kreis herum. Ein tobender Applaus begleitet die Akteure immer wieder nach draußen.
Nach zwei Stunden ist die Vorstellung beendet, und der Zirkusdirektor tritt wieder herein. Er verbeugt sich und sagt: »Ich hoffe, es hat Spaß gemacht und wünsch' euch eine gute Nacht.« Wieder klatschen, trampeln und pfeifen die Zuschauer vor Begeisterung.
Sehr zufrieden verlassen alle die Manege, und die Lichter im Zirkus **Rundherum** gehen aus.

Rezepte – Das Törtchenbuffet

Süße Schaumkugeln

Zutaten
- 625 g Puderzucker
- 10 Eier
- 2 El Kakao
- 80 g Kokosraspeln
- Spritzbeutel
- Backpapier

Zubereitung weißer Kugeln
Den Backofen auf 100 °C vorheizen. Von vier Eiern das Eiweiß steif schlagen, 125 g Puderzucker langsam einrühren. Danach weitere 125 g Puderzucker einrühren. Die Masse in einen Spritzbeutel geben und auf ein mit Backpapier belegtes Backblech Kugeln spritzen. Die Kugeln eventuell mit etwas Backpapier stabilisieren und dann bei 100 °C etwa 2 Stunden leicht backen.

Zubereitung braune Kugeln
Zubereitung wie die weißen Kugeln. Zusätzlich zwei Esslöffel Kakao unter die Masse geben.

Zubereitung Kokoskugeln
Die Kokosraspeln in einer beschichteten Pfanne anrösten und abkühlen lassen. Das Eiweiß von zwei Eiern steif schlagen, nach und nach 125 g Puderzucker und die gerösteten Kokosraspel einrühren. Die Masse in einen Spritzbeutel geben und wieder kleine Kugeln spritzen. Bei 100 °C etwa 2 Stunden leicht backen.

Kleine Obsttorten

Zutaten
- Obst nach Wahl frisch oder aus der Dose
- 1 Packung Torteletts
- Tortenguss
- 250 g Sahne
- Spritzbeutel

Zubereitung
Frisches Obst waschen, gegebenenfalls entsteinen oder entkernen und bei Bedarf klein schneiden. Den Saft von Dosenobst abtropfen lassen, das Obst eventuell klein schneiden. Mit den Früchten die Torteletts belegen. Dann einen Tortenguss herstellen und über das Obst geben. Sahne schlagen, in einen Spritzbeutel geben und mit der Sahne die Törtchen verzieren.

Bunte Karnevalskekse

Zutaten
- 250 g Mehl
- 250 g Butter
- 200 g Zucker
- 1 Päckchen Vanillezucker
- 4 Eier
- 50 g Speisestärke
- 1/4 Tl Backpulver
- Backpapier
- Spritztüte
- Schokoladenguss
- Zitronenguss
- Puderzuckerguss
- Liebesperlen oder Zuckerschrift

Zubereitung
Den Backofen auf 230 °C vorheizen. Aus dem Mehl, der Butter, dem Zucker, dem Vanillezucker, den Eiern, der Speisestärke und dem Backpulver einen Teig bereiten. Ein Backblech mit Backpapier auslegen und mit der Spritztüte kleine Plätzchen auf das Blech spritzen. Die Plätzchen im Backofen bei 230 °C 10 Minuten goldgelb backen. Nach dem Abkühlen die Karnevalskekse mit Schokoladen-, Zitronen- oder Puderzuckerguss überstreichen und mit Liebesperlen oder Zuckerschrift verzieren.

Mandarinenmuffins

Zutaten
- 2 Eier
- 100 g Zucker
- 200 g Mehl
- 3 El Kokosraspeln
- 100 g Butter
- 1 Tl Backpulver
- 1/8 l Buttermilch
- 1 Dose Mandarinen
- Papierbackförmchen
- Puderzucker

Zubereitung
Den Backofen auf 180 °C vorheizen. Die Eier schaumig schlagen und langsam löffelweise den Zucker unterrühren. Das Mehl, das Backpulver und die Kokosraspeln miteinander vermischen und unter den Eierschaum geben. Die Butter zerlassen, abkühlen und mit der Buttermilch verrühren. Vorsichtig diese Flüssigkeit unter den Teig mischen.

Die Mandarinen abtropfen lassen und unter den Teig heben. Dann die Masse in die Papierförmchen geben und im Backofen bei 180 °C etwa 20 Minuten backen. Vorsichtig die Papierhülle entfernen, die Muffins abkühlen lassen und mit dem durchgesiebten Puderzucker bestreuen.

Variation
Statt der Mandarinen können auch Pfirsiche, Kirschen, ein Fruchtmix oder Aprikosen genommen werden (gut abtropfen lassen).